福建省中职学考核心课程系列教材

化学基础

主　编：黄晓锋　刘燕顿　温光永

扫码获取数字资源

图书在版编目（CIP）数据

化学基础 / 黄晓锋，刘燕顿，温光永主编. -- 厦门：厦门大学出版社，2025.5. --（福建省中职学考核心课程系列教材）. -- ISBN 978-7-5615-9746-0

Ⅰ．G634.81

中国国家版本馆 CIP 数据核字第 2025QR6688 号

策划编辑	姚五民
责任编辑	姚五民　陈惠英
美术编辑	李夏凌
技术编辑	许克华

出版发行　厦门大学出版社

社　　址　厦门市软件园二期望海路 39 号
邮政编码　361008
总　　机　0592-2181111　0592-2181406（传真）
营销中心　0592-2184458　0592-2181365
网　　址　http://www.xmupress.com
邮　　箱　xmup@xmupress.com
印　　刷　厦门市明亮彩印有限公司

开本　787 mm×1 092 mm　1/16
印张　11.75
字数　280 千字
版次　2025 年 5 月第 1 版
印次　2025 年 5 月第 1 次印刷
定价　46.00 元

本书如有印装质量问题请直接寄承印厂调换

编委会名单

主　编：黄晓锋　刘燕頔　温光永
副主编：陈　铖　杨惠坚　吴惠民
参　编：何　金　林锦珠　秦志磊
　　　　王　玲　吴志鹏　叶晗祺

出版说明

教育是强国建设和民族复兴的根本，承担着国家未来发展的重要使命。基于此，自党的十八大以来，构建职普融通、产教融合的职业教育体系，已成为全面落实党的教育方针的关键举措。这一战略目标的实现，要求加快塑造素质优良、总量充裕、结构优化、分布合理的现代化人力资源，以解决人力资源供需不匹配这一结构性就业矛盾。与此同时，面对新一轮科技革命和产业变革的浪潮，必须科学研判人力资源发展趋势，统筹抓好教育、培训和就业，动态调整高等教育专业和资源结构布局，进一步推动职业教育发展，并健全终身职业技能培训制度。

根据中共中央办公厅、国务院办公厅《关于深化现代职业教育体系建设改革的意见》和福建省政府《关于印发福建省深化高等学校考试招生综合改革实施方案的通知》要求，福建省高职院校分类考试招生采取"文化素质＋职业技能"的评价方式，即以中等职业学校学业水平考试（以下简称"中职学考"）成绩和职业技能赋分的成绩作为学生毕业和升学的主要依据。

为进一步完善考试评价办法，提高人才选拔质量，完善职教高考制度，健全"文化素质＋职业技能"考试招生办法，向各类学生接受高等职业教育提供多样化入学方式，福建省教育考试院对高职院校分类考试招生（面向中职学校毕业生）实施办法作出调整：招考类别由原来的30类调整为12类；中职学考由全省统一组织考试，采取书面闭卷笔试方式，取消合格性和等级性考试；引进职业技能赋分方式，取消全省统一的职业技能测试。

福建省中职学考是根据国家中等职业教育教学标准，由省级教育行政部门组织实施的考试。考试成绩是中职学生毕业和升学的重要依据。根据福建省教育考试院发布的最新的中职学考考试说明，结合福建省中职学校教学现状，厦门大学出版社精心策划了"福建省中职学考核心课程系列教材"。该系列教材旨在帮助学生提升对基础知识的理解，提升运用知识分析问题、解决问题的能力，并在学习中提高自身的职业素养。

本系列教材由中等职业学校一线教师根据最新的《福建省中等职业学校学业水平考试说明》编写。内容设置紧扣考纲要求，贴近教学实际，符合考试复习规律。理论部分针对各知识点进行梳理和细化，使各知识点表述更加简洁、精练；模拟试卷严格按照考纲规定的内容比例、难易程度、分值比例编写，帮助考生更有针对性地备考。本系列教材适合作为中职、技工学校学生的中职学考复习指导用书。

目 录

绪论 ·· 1

第一章 原子结构与化学键 ·· 3

第一节 原子结构 ·· 3

第二节 元素周期律 ·· 8

第三节 化学键 ·· 12

第四节 化学实验基本操作 ··· 15

本章知识点总结 ·· 21

第二章 化学反应及其规律 ·· 23

第一节 氧化还原反应 ·· 23

第二节 化学反应速率 ·· 28

第三节 化学平衡 ··· 32

本章知识点总结 ·· 36

第三章 溶液与水溶液中的离子反应 ·· 38

第一节 溶液组成的表示方法 ·· 38

第二节 弱电解质的电离平衡 ·· 49

第三节 水的离子积和溶液的pH ··· 53

第四节 离子反应和离子方程式 ··· 57

第五节 盐类的水解 ·· 60

第六节 学生实验:溶液的配制、稀释和pH的测定 ······································· 63

本章知识点总结 ·· 67

第四章 常见无机物及其应用 ... 68
第一节 常见非金属单质及其化合物 ... 68
第二节 常见金属单质及其化合物 ... 97
本章知识点总结 ... 114

第五章 简单有机化合物及其应用 ... 116
第一节 有机化合物的特点与分类 ... 116
第二节 烃 ... 119
第三节 烃的衍生物 ... 130
第四节 学生实验:重要有机化合物的性质 ... 146
本章知识点总结 ... 149

第六章 常见生物分子及合成高分子化合物 ... 150
第一节 糖类 ... 150
第二节 蛋白质 ... 155
第三节 合成高分子化合物 ... 161
第四节 学生实验:常见生物分子的性质 ... 167
本章知识点总结 ... 169

参考答案 ... 171

附录1 常见酸、碱、盐在水中溶解性与挥发性 ... 177

附录2 常见玻璃仪器及注意事项 ... 178

附录3 元素周期表 ... 180

参考文献 ... 181

绪论

一、什么是化学

化学是一门研究物质的性质、组成、结构、变化以及变化规律的自然科学。

化学与人类生活息息相关。在日常生活中,从食品的加工到各种清洁用品的生产和使用,都离不开化学。我们穿的衣服,很多是由化学合成纤维制成;吃的食物,其生产、加工和保鲜过程中涉及众多化学知识;住的房屋,建筑材料的生产也有化学的贡献。出行方面,汽车燃油、新能源电池等都是化学研究的成果。

化学对社会发展起着至关重要的作用。在医药领域,通过化学合成药物,治疗各种疾病,提高人类的健康水平;在农业领域,化肥和农药的研发保障了粮食的高产稳产;在工业领域,化学为新材料的开发提供了基础,推动了制造业的进步;在环境保护领域,化学也发挥着重要作用,如研究污染物的处理方法、开发清洁能源等。

化学在人类生活和社会发展的各个方面都扮演着不可或缺的角色。它不仅满足了人们的物质需求,还为解决全球性问题提供了有力的支持。随着科技的不断进步,化学将继续为人类创造更加美好的未来。

二、化学课程的课程任务

通过化学课程的学习,了解化学基本概念、原理,掌握科学的思维方式和探究能力。通过动手操作实验,提高实验技能和安全意识,培养观察、分析和解决问题的能力。能够运用化学知识解释生活中的现象,培养对科学的兴趣和热爱,提高整体科学素养。

对于许多中职专业,如化工、医药、环保等,化学是重要的专业基础课,可为后续专业课程的深入学习提供必要的知识储备。例如,化工专业的学生需要掌握化学反应原理、化学工艺等知识;医药专业学生则要了解药物的化学性质和合成方法。同时,可以结合专业特点,了解相关职业的要求和发展趋势,培养学生的职业道德、团队合作精神、精益求精的工匠精神、严谨求实的科学态度和勇于开拓的创新意识。

三、如何学习化学

1. 打好基础

化学的学习离不开基础知识的积累。首先要熟练掌握元素周期表中的元素名称、符号及性质;理解原子结构的基本概念,如电子排布、化合价等;熟悉基本的化学反应类型,如置换反应、分解反应等。这些基础知识是后续深入学习的前提。

2. 理论与实践相结合

化学是一门实验科学,因此在学习理论知识的同时,也要注重实验操作能力的培养。通过亲手做实验可以加深对化学现象的理解,还能锻炼观察力和动手能力。在实验过程中要注意安全操作规程,学会使用各种仪器设备,并能准确记录实验数据和结果。

3. 多角度思考问题

遇到难题时不要急于求解,而应该从不同角度去思考问题。比如,在分析一个化学反应时,可以从反应物的性质、反应条件以及产物的特点等多个方面入手。同时,利用图表、模型等工具辅助理解复杂的化学原理也是很有帮助的。

4. 积极参与课堂互动

课堂是获取知识的重要场所,积极与老师交流不仅能及时解决疑问,还能激发学习兴趣。如果有不懂的地方,一定要及时大胆地提问。此外,参与小组讨论或合作实验也能促进相互学习,提高解决问题的能力。

5. 合理安排复习计划

化学知识点繁多且容易混淆,因此制定合理的复习计划非常重要。可以通过制作思维导图的方式梳理知识点之间的联系,形成系统的知识框架。同时,定期回顾旧知识,不断巩固记忆,避免遗忘。

6. 利用网络资源

现在有很多优质的在线课程和App可以帮助我们更好地学习化学。例如,观看化学实验的教学视频可以弥补课堂实验时间不足的问题,利用化学题库软件进行练习则有助于提高解题速度和准确性。

总之,学好化学需要持之以恒的努力和正确的学习方法。

第一章 原子结构与化学键

原子是构成物质的基本单位，对原子结构的探索是理解物质性质和化学变化规律的关键。通过深入了解原子的内部结构，科学家能够揭示物质在宏观和微观层面上的活动规律，为材料科学、化学工程等领域提供理论支持。人们根据对原子结构的研究结果，开始研制出各种具有特殊功能的材料。这些材料在航天、计算机、光纤通信等高科技领域发挥着重要作用，不仅推动了科技的进步，还极大地改善了人们的生活质量。

第一节　原子结构

学习目标

1. 了解原子的结构，学习原子的组成。
2. 能画出元素周期表前20位元素的原子结构示意图。

看一看

生活中的风景

想一想

1. 在地球上，有空气、岩石、高山、大海，有树木、花草、鸟兽，这些由什么组成？
2. 如果把玻璃杯打碎了，其碎片还是玻璃。经过多次分割，甚至碾成粉末，颗粒会越分越小。如果不断地分割下去，有没有一个限度呢？

一、原子的组成

原子是化学变化中的最小粒子,由居于原子中心的带正电的原子核和在核外做高速运动的带负电的电子构成,见图1-1。原子核是由质子和中子构成。质子带一个单位正电荷,中子不带电荷,一个核外电子带一个单位负电荷。

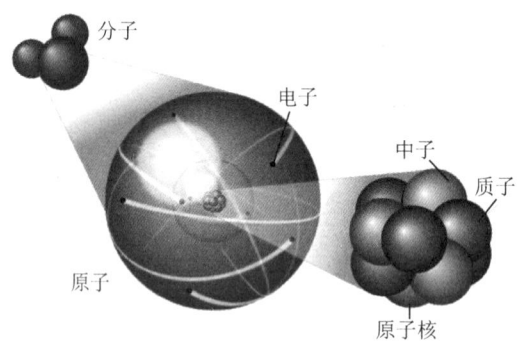

图1-1 原子及原子的组成

原子核所带的电荷数即核电荷数(Z)由核内质子数决定。按核电荷数由小到大的顺序给元素编号,所得的序号称为该元素的原子序数,则有

原子序数＝核电荷数(Z)＝核内质子数＝核外电子数

例如,氦(He)原子是由2个质子和2个中子(组成氦原子核)以及绕氦原子核高速旋转的2个电子组成的,见图1-2。

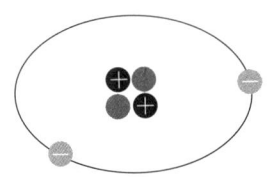

图1-2 He原子结构示意图

质子的质量为1.6726×10^{-27} kg,中子的质量为1.6749×10^{-27} kg,电子的质量仅为质子质量的1/1836,所以,原子的质量主要集中在原子核上。质子和中子质量的数值很小,书写和使用都不方便,因此,通常采用它们的相对质量。实验测得,作为原子量标准的碳-12原子的质量是1.9927×10^{-26} kg,它的1/12为1.6605×10^{-27} kg。通过计算,质子和中子的相对质量分别为1.007和1.008,取近似整数值为1。如果忽略电子的质量,将原子核内所有的质子和中子的相对质量取近似整数值相加,所得的数值即为质量数,用符号A表示。中子数用符号N表示。根据以上分析,则有

质量数(A)＝质子数(Z)＋中子数(N)

原子是构成物质的基本单位,体积非常小。为了形象地说明这一点,可以用乒乓球和地球作为比较对象。原子与乒乓球的体积之比,相当于乒乓球与地球的体积之比。利用这种对比,我们能直观地感受到原子的微小。

二、同位素

元素是具有相同核电荷数（质子数）的同一类原子的总称。也就是说，同一种元素原子的原子核中的质子数是相等的。那么，其中的中子数是否也一定相同呢？科学研究证明，同一种元素的原子中的质子数相同，但中子数不一定相同。这种具有相同质子数和不同中子数的同一种元素的不同原子，互称同位素。在同位素中，不同原子的质量虽然不同，但它们的化学性质几乎是完全相同的。我们所了解的大多数元素都有同位素，如氢元素有三种同位素（见表1-1）。

表1-1 氢元素的同位素

同位素原子	质子数	中子数	电子数
氕	1	0	1
氘	1	1	1
氚	1	2	1

氢原子的三种同位素原子示意图如图1-3所示。其中，氘和氚是制造氢弹的材料。

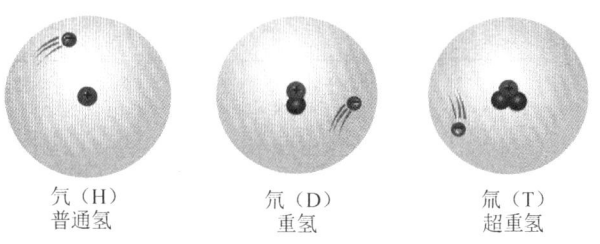

氕（H）　　　氘（D）　　　氚（T）
普通氢　　　重氢　　　超重氢

图1-3　氢的三种同位素

在同位素中，有些具有放射性，称为放射性同位素，反之称为稳定同位素。放射性同位素的原子核很不稳定，会自发地放出 α、β、γ 射线等，从而转变成稳定的原子。放射性同位素技术在工业、农业、医学、军事等诸多领域有着重要的应用。

三、核外电子排布规律

核外电子的运动有自己的特点，它不像行星绕太阳旋转有固定的轨道，但有经常出现的区域。在多电子原子中，电子的能量是不相同的，在离核较近的区域内运动的电子能量较低，在离核较远的区域内运动的电子能量较高。科学家把这些距核远近不同的区域称为电子层。核外电子是在不同的电子层内运动的，人们把这种现象叫作核外电子的分层排布。那么，电子的排布规律如何呢？由于原子中的电子处在原子核的引力场中（类似于地球上的万物处于地心的引力场中），电子总是从内层排起，当内层排满后再排下一层。现在发现元素原子核外电子最少的有1层，最多的有7层。电子层按由内向外顺序可表示如下：

(1) 数字表示法：$n=1,2,3,4,5,6,7$。
(2) 字母表示法：K、L、M、N、O、P、Q。

图 1-4 为原子核外电子分层排布示意图。电子排布规律为每层最多能容纳 $2n^2$ 个电子，其中第一层不超过 2 个；当 K 层不是最外层时，最外层电子数最多不超过 8 个，次外层不超过 18 个，倒数第三层不超过 32 个。用原子结构示意图可简洁、方便地表示原子的结构。

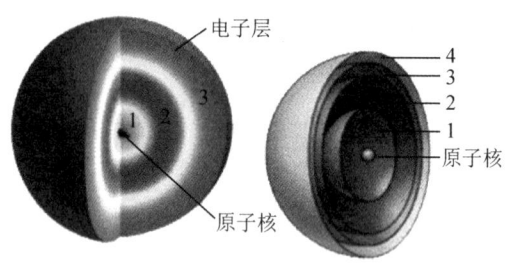

图 1-4 原子核外电子分层排布示例

图 1-5 为部分原子的结构示意图，小圈和圈内的数字表示原子核和核内质子数，弧线表示电子层，弧线上面的数字表示该层的电子数。

第一周期	1 H (+1) 1						2 He (+2) 2
第二周期	3 Li (+3) 2 1	4 Be (+4) 2 2	5 B (+5) 2 3	6 C (+6) 2 4	7 N (+7) 2 5	8 O (+8) 2 6	9 F (+9) 2 7	10 Ne (+10) 2 8
第三周期	11 Na (+11) 2 8 1	12 Mg (+12) 2 8 2	13 Al (+13) 2 8 3	14 Si (+14) 2 8 4	15 P (+15) 2 8 5	16 S (+16) 2 8 6	17 Cl (+17) 2 8 7	18 Ar (+18) 2 8 8

图 1-5 部分原子的结构示意图

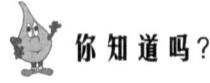你知道吗？

仰望太阳

自古以来，太阳在中国文化中就有着举足轻重的地位。它不仅是时间的象征，还与诸多传说、神话紧密相连。我国始终流传着和太阳相关的神话故事，如夸父逐日、后羿射日等。从古至今，人类始终没有停下探索太阳的脚步。

自 20 世纪 50 年代受控核聚变原理被提出以来，世界各国都在积极研究人造太阳技术。中国于 2003 年加入 ITER(International Thermonuclear Experiment Reactor，国际热核聚变实验堆)计划，并于 2006 年签署了合作协定。此后，中国自行设计和研发了世界上第一个全超导磁约束聚变装置 EAST，并于 2007 年通过国家验收。近年来，中国的人造太阳项目取得了多项重大成就,如 EAST 装置 2021 年在 1.2 亿℃的极高温度下实现了 101 秒的等离子体运行,在 2023 年实现了 403 秒的稳态高约束模运行。

人造太阳,也被称为"恒星模拟器"或"核聚变反应堆",是一种模拟太阳内部核聚变反应的实验设施。它通过控制和维持高温高压的等离子体状态,使得轻原子核(如氢的同位素)能够融合成更重的原子核,并在此过程中释放出巨大的能量。

人造太阳的核心技术是核聚变技术。核聚变是将轻元素(如氢)在高温、高压条件下融合成重元素(如氦)的过程,通过聚变反应释放出巨大的能量。这一过程与太阳发光发热的原理相同,因此得名"人造太阳"。

人造太阳项目对于解决人类能源危机、保护生态环境、推动科技进步和助力太空探索具有重要意义。它为人类提供了一种清洁、高效的能源来源,有助于减少空气污染、水污染和土壤污染等环境问题。同时,人造太阳的研究还涉及多个学科领域,有助于推动相关学科的技术发展。随着技术的不断进步和成本的降低,核聚变能源有望成为人类能源消费的主要来源。未来,人造太阳项目将继续受到世界各国的重视和支持,为人类社会的可持续发展做出更大贡献。

练习题

一、单项选择题

1. 决定元素种类的是（　　）。
   A. 电子数　　　　　B. 质量数　　　　　C. 质子数　　　　　D. 中子数
2. 下列互为同位素的是（　　）。
   A. $^{40}_{18}Ar$ 和 $^{40}_{19}K$　　B. $^{40}_{20}Ca$ 和 $^{42}_{20}Ca$　　C. $^{17}_{8}O$ 和 $^{35}_{17}Cl$　　D. $^{35}_{17}Cl$ 和 $^{35}_{17}Cl^-$
3. 由 1 个 $^{16}_{8}O$ 和 2 个 $^{2}_{1}D$ 组成的 D_2O 分子中,所含的中子数是（　　）。
   A. 10　　　　　　　B. 5　　　　　　　C. 20　　　　　　　D. 12
4. 在下列微粒中,半径最大的是（　　）
   A. 中子　　　　　　B. 质子　　　　　　C. 电子　　　　　　D. 原子

二、判断题

1. 原子的质量数等于近似相对原子质量数。　　　　　　　　　　　　　　（　　）
2. 原子是由不带电的微粒组成的,所以原子不带电。　　　　　　　　　　（　　）
3. 所有氢原子的原子核都是由中子和质子组成的。　　　　　　　　　　　（　　）

第二节　元素周期律

**学习目标**

1. 认识元素性质呈周期性变化的规律及其变化的根本原因。
2. 了解元素周期表的结构和元素在元素周期表中的位置。
3. 了解同周期和同主族元素性质的递变规律。

**看一看**

矿泉水

金

硅

生活中常见的物品

**想一想**

> 你能说出上面物体或物质中所含的元素吗?

元素周期律是指元素的性质随元素的原子序数(即核电荷数或核外电子数)的增加而呈现周期性变化的规律。它把许多化学事实联系起来,说明了元素性质上的周期性变化,并在化学知识系统化过程中起过重要作用,降低了化学研究的盲目性。

一、元素周期表

元素周期表是各元素原子核外电子排布呈周期性变化的反映,是元素周期律的表现形式。

1. 周期

元素周期是指具有相同的电子层且按照原子序数递增顺序排列的一系列元素。元素周期表中有 7 个横行,每个横行叫作一个周期,一共有 7 个周期,即周期序数=电子层数。第一、第二、第三周期所排元素种数分别为 2 种、8 种、8 种,称为短周期;第四、第五、第六、第七周期所排元素种数分别为 18 种、18 种、32 种、32 种,称为长周期。

2. 族

族是最外层电子数相等的一系列元素。元素周期表中共有 18 个纵行,除第八、第九、第十 3

个纵行组成一族外,其他每一纵行称为一族,共有16个族。族的序数用罗马数字Ⅰ、Ⅱ、Ⅲ、Ⅳ、Ⅴ、Ⅵ、Ⅶ、Ⅷ表示。族又分为主族和副族。元素周期表中,共有8个主族和8个副族。

（1）主族

由短周期元素和长周期元素共同构成的族,称为主族,在族的序数后面标上A,如:ⅠA、ⅡA、ⅢA、ⅣA、ⅤA、ⅥA、ⅦA、ⅧA。主族的序数与周期表中电子层结构关系为:

$$主族序数=最外层电子数$$

例如,处于第ⅡA族的镁元素,其原子最外层电子数为2。处于第ⅧA族的是稀有气体元素,最外层电子数为8,化学性质极不活泼,在通常情况下不发生化学变化,其化合价为零,因此也称为0族。

（2）副族

完全由长周期元素构成的族,称为副族。在族的序数后面标上B,如ⅠB、ⅡB、ⅢB、ⅣB、ⅤB、ⅥB、ⅦB、ⅧB。

二、元素性质的递变规律

1. 原子半径

从图1-6可见,元素原子半径呈周期性变化。

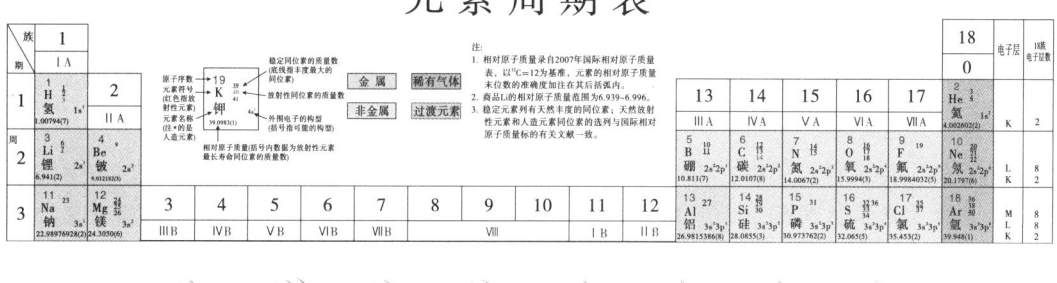

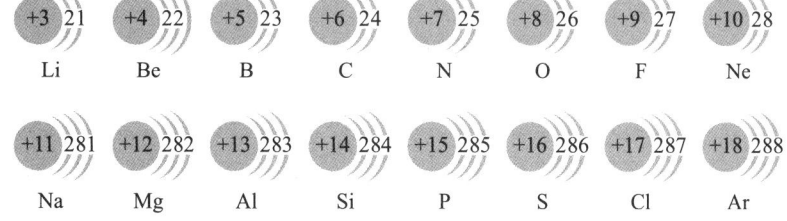

图1-6 元素原子半径的周期性变化

① 除第一周期外,主族元素同一周期中（惰性气体元素除外）,原子半径随原子序数的递增而减小。

② 同一族的元素最外层电子数相同,从上到下,随原子序数（电子层数）的增加,原子半径增大。

2. 元素化合价

① 除第一周期外,同周期从左到右,元素最高正化合价由碱金属+1递增到+7,非金

属元素负化合价由碳族－4递增到－1（氟、氧除外,氟无正化合价,氧最高＋2价）。

② 同一主族元素的最高正化合价、最低负化合价均相同。主族元素化合价存在如下关系：

最高正化合价＝主族元素的族序号（最外层电子数）

最低负化合价＝最高正化合价（最外层电子数）－8

3. 元素的金属性和非金属性

元素的金属性是指它的原子失去电子的能力,元素的非金属性是指它的原子获得电子的能力。

三、元素周期律(表)的应用

根据元素在周期表中的位置,可以推测各种元素的原子结构以及元素及其化合物性质的递变规律,也可以根据元素的原子结构推测它在周期表中的位置。门捷列夫曾根据元素周期表中一些未知元素的周围元素和化合物的性质,经过综合推测,成功地预言了这些未知元素及其化合物的性质。现在的科学家可以利用元素周期表研究合成新物质,如在金属和非金属的分界线附近,寻找制取半导体材料（如 Si、Ge 等）,在过渡元素中寻找各种优良的催化剂及耐高温、耐腐蚀的合金材料。在周期表一定区域内寻找元素,发现物质的新用途被视为一种相当有效的方法。

你知道吗？

元素对人体的重要性

元素与人体组织之间存在着密不可分的关系。人体是一个复杂的生物系统,正常运作依赖于多种元素的协同作用。人体含有的元素可分为常量元素和微量元素。常量元素在人体内的含量相对较高,通常占人体总质量的 99.95% 左右,主要包括氢、碳、氧、氮、磷、硫、氯、钠、镁、钾、钙等。这些元素是构成人体组织、维持生理功能所必需的。微量元素尽管在人体内的含量很低,通常占人体总质量的 0.05% 左右,但对维持人体健康同样至关重要。人体必需的微量元素包括铁、钴、铜、锌、碘、硒、钼、铬等。

人体内的元素必须保持一种平衡状态,过多或过少都可能对健康产生不良影响。例如,钙缺乏可能导致骨质疏松等骨骼问题,而过量摄入某些元素（如铁）也可能导致中毒等健康问题。因此,保持均衡的饮食对于维持人体内元素的平衡至关重要。

自然界中的稀有元素

稀有元素是指在自然界中含量很少或分布稀散以及研究得较少的元素。这些元素在地壳中的丰度通常较低,且由于它们的性质特殊,往往具有独特的应用价值。

稀有元素在多个领域具有重要的应用价值。例如,稀土元素在高科技领域的应用尤为突出。例如,镧系元素中的钕被广泛应用于制造稀土永磁材料,这些材料在新能源汽车、风力发电和航空航天等领域得到广泛应用；铈则常用于汽车玻璃、汽车尾气净化和美容防护品添加剂等领域。各种稀有元素被广泛应用于电子、冶金、机械、化工、新材料和能源等领域。例如,锂、钛等稀有轻金属在航空航天、新能源等领域具有广泛应用;铂、钯等稀有贵金属则常用于催化剂、珠宝首饰等领域。由于稀有元素的特殊性质和广泛应用,它们往往具有较高的经济价值。同时,稀有元素也是国家战略资源的重要组成部分,对于保障国家安全和促进经济发展具有重要意义。

练习题

一、选择题

1. 医生建议甲状腺肿大的患者多食海带,这是由于海带中含有较丰富的(　　)。
   A. 钾元素　　　　　B. 铁元素　　　　　C. 碘元素　　　　　D. 锌元素

2. 随着卤素原子半径的增大,下列递变规律正确的是(　　)。
   A. 单质的熔、沸点逐渐降低　　　　　B. 卤素离子的还原性逐渐增强
   C. 单质的氧化性逐渐增强　　　　　　D. 气态氢化物的稳定性逐渐增强

3. 同一主族元素由上至下的递变规律不正确的是(　　)。
   A. 原子半径逐渐增大　　　　　　　　B. 分子量逐渐增大
   C. 金属性逐渐增强　　　　　　　　　D. 非金属性逐渐增强

4. 同一主族从上到下,失电子能力逐渐_____,得电子能力逐渐_____,元素的金属性逐渐_____,而非金属性逐渐_____。下列选项正确的是(　　)。
   A. 减弱,增强,减弱,增强　　　　　　B. 增强,减弱,增强,减弱
   C. 减弱,增强,增强,减弱　　　　　　D. 增强,减弱,减弱,增强

5. 在元素周期表中,第二、第三、第四、第五周期元素的种数分别是(　　)。
   A. 2、8、8、18　　　B. 8、8、18、18　　　C. 8、8、18、32　　　D. 2、8、18、32

6. 下列说法正确的是(　　)。
   A. 金属元素不能得电子,不显负价,故金属元素不能形成阴离子
   B. P、S、Cl 元素最高正价依次升高
   C. B、C、N、O、F 原子半径依次增大
   D. Li、Na、K、Rb 的氧化物对应水化物的碱性依次减弱

7. 下列各组元素性质递变规律不正确的是(　　)。
   A. 随原子序数的增加,Li、Be、B 原子最外层电子数依次增多
   B. P、S、Cl 元素最高正价依次升高
   C. N、O、F 原子半径依次增大
   D. Na、K、Rb 的金属性依次增强

二、判断题

1. 元素周期律是指元素的性质随着元素核电荷数的递增而呈现周期性的变化。(　　)
2. Na、K、Ca、Al 中,金属性最强的元素是 Al。(　　)
3. 除第一周期外,在同一周期中(惰性气体元素除外),主族元素原子半径随原子序数的

递增而减小。( )

4.同一族的元素最外层电子数相同,从上到下,随原子序数(电子层数)的增加,原子半径减小。( )

5.金属性最强的元素在周期表中左下方,而非金属最强元素在周期表中最右上方。( )

6.元素X的原子有3个电子层,最外层有4个电子。这种元素位于周期表的第四周期且是A族。( )

7.碱金属元素原子最外层都只有1个电子。( )

8.随电子层数增加,原子半径增大,金属还原性增强。( )

三、填空题

1.元素周期表中共有_____个纵行,除第_____、_____、_____三个纵行为一族外,其他每一纵行称为一族,共有_____个族。族是最外层电子数相等的一系列元素。族的序数用罗马数字Ⅰ、Ⅱ、Ⅲ、Ⅳ、Ⅴ、Ⅵ、Ⅶ、Ⅷ表示。族又分为_____族和_____族。元素周期表中,共有_____个主族、_____个副族。

2.由_____周期元素和_____周期元素共同构成的族,称为_____族,在族的序数后面标上_____,如ⅠA、ⅡA、ⅢA。

3.主族的序数与周期表中电子层结构关系为:主族序数_____最外层电子数。

4.完全由长周期元素构成的族,称为_____族。在族的序数后面标上_____,如ⅠB、ⅡB、ⅢB。

第三节　化学键

学习目标

1.了解构成分子的微粒间的相互作用,建立化学键的概念。
2.认识离子键和共价键的形成及其条件,知道离子化合物和共价化合物。
3.理解化学键断裂和形成是化学反应中物质变化的实质。

看一看

古今物质示例

物质世界包含了我们能够感知到的各种实体,如山川、河流、动植物、人类以及由这些实体构成的复杂系统。化学键是物质世界中原子和分子之间相互作用的基础。它决定了物质的物理性质和化学性质,是物质能够稳定存在和发挥功能的关键因素之一。

一、离子键

活泼金属和活泼非金属很容易反应。它们的原子可以失去或得到电子而使核外电子层形成稳定结构。例如,钠与氯气反应,钠原子要达到 8 个电子的稳定结构,需要失去 1 个电子,形成阳离子——钠离子（Na^+）,而氯原子要达到稳定结构则需要获得 1 个电子,形成阴离子——氯离子（Cl^-）,Na^+ 与 Cl^- 由于静电作用而结合生成 NaCl,如图 1-7 所示。

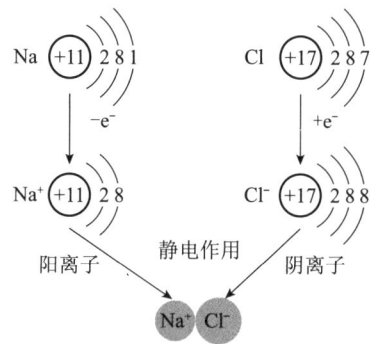

图1-7 钠离子与氯离子结合生成氯化钠示意图

阴、阳离子之间通过静电作用而形成的化学键,叫作离子键。活泼金属（如钠、钾、钙等）和活泼非金属（如氯、溴、氧等）反应生成化合物时,都形成离子键。以离子键结合的化合物称为离子化合物,如 $MgCl_2$、CaF_2 等。

二、共价键

以氯原子和氢原子为例来分析一下氯化氢分子的形成。氯原子的最外层有 7 个电子,要达到八电子结构需要获得一个电子,氢原子的最外层有一个电子,要达到两电子结构也需要获得一个电子,两个原子间难以发生电子得失;如果氯原子与氢原子各提供一个电子,形成共用电子对,两个原子就都形成了稳定结构,如图 1-8 所示。

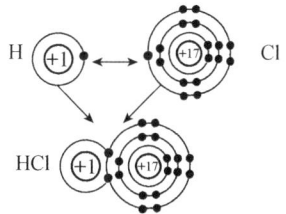

图1-8 氢原子和氯原子结合生成氯化氢示意图

原子间通过共用电子对所形成的化学键,叫作共价键。非金属原子之间都是以共价键结合的。以共价键结合的化合物称为共价化合物,如 CH_3CH_2OH（乙醇）、H_2O 等。

你知道吗？

碳水食物，如米饭、面包、土豆等，因其主要由碳水化合物组成而得名。

首先，从化学角度来看，碳水化合物是由碳、氢、氧三种元素组成的有机化合物，其分子结构中的原子之间通过化学键连接。这些化学键主要是共价键，是由原子之间通过共享电子对而形成的强相互作用力。在碳水化合物的分子中，碳原子与氢原子和氧原子之间就形成了共价键，构成了碳水化合物的骨架结构。

其次，碳水食物中的碳水化合物种类繁多，包括单糖、双糖和多糖等。单糖是最简单的碳水化合物，如葡萄糖、果糖等。它们的分子结构中含有较少的碳原子，且分子内的原子之间通过共价键连接成环状或链状结构。双糖是由两个单糖分子通过糖苷键连接而成的，如蔗糖、乳糖等。多糖则是由许多单糖分子通过糖苷键连接而成的长链高分子化合物，如淀粉、纤维素等。

此外，碳水化合物中的化学键还影响着它们的物理性质和化学性质。例如，淀粉中的糖苷键使得淀粉分子具有一定的结晶度和溶解度，从而影响了淀粉的消化吸收和营养价值。而纤维素中的糖苷键则使得纤维素分子具有高度的稳定性和抗降解性，因而纤维素成为植物细胞壁的主要成分之一。

练习题

一、选择题

1. 在下列各组物质中，都是共价化合物的是（   ）。
   A. H_2S 和 Na_2O_2 B. H_2O_2 和 CaF_2 C. NH_3 和 N_2 D. HCl 和 H_2S

2. 下列原子序数的元素，彼此之间能形成离子键的是（   ）。
   A. 1 和 16   B. 6 和 8   C. 9 和 11   D. 1 和 17

3. 下列叙述正确的是（   ）。
   A. 含有离子键的化合物不一定是离子化合物
   B. 具有共价键的化合物就是共价化合物
   C. 共价化合物可能含离子键
   D. 离子化合物中可能含有共价键

4. 下列关于离子化合物的叙述，正确的是（   ）。
   A. 离子化合物中必含有离子键
   B. 离子化合物中的阳离子只能是金属离子
   C. 离子化合物如能溶于水，其水溶液不一定可以导电
   D. 溶于水、可以导电的化合物一定是离子化合物

5. 下列微粒中，同时具有离子键和共价键的是（   ）。
   A. NH_3 B. NH_4Cl C. H_2S D. K_2O

6. 关于离子键、共价键的各种叙述,下列说法中正确的是(　　)。
A. 阴、阳离子之间通过静电作用而形成的化学键,叫作离子键
B. 共价键只存在于双原子的单质分子(如 Cl_2)中
C. 金属和非金属反应生成化合物时,都形成离子键
D. 由多种元素组成的多原子分子里,一定只存在共价键

7. (　　)使原子的各个组成部分连结在一起。
A. 万有引力　　　B. 磁力　　　C. 电力　　　D. 化学键

二、判断题

1. 化学键是指分子中相邻原子之间强烈的吸引作用。　　　　　　　　　(　　)
2. 非金属的原子之间都是以共价键结合的。　　　　　　　　　　　　　(　　)
3. 金属元素和非金属元素之间形成的键不一定都是离子键。　　　　　　(　　)
4. CH_3CH_2OH(乙醇)、H_2O 等都是共价化合物。　　　　　　　　　　(　　)
5. 任何离子键在形成过程中必定有电子的得失。　　　　　　　　　　　(　　)
6. 两个非金属原子间不可能形成离子键。　　　　　　　　　　　　　　(　　)
7. 离子化合物中可能有共价键。　　　　　　　　　　　　　　　　　　(　　)
8. 非金属原子间不可能形成离子化合物。　　　　　　　　　　　　　　(　　)
9. 在共价化合物中,元素化合价有正负的主要原因是共用电子对发生偏移。(　　)

第四节　化学实验基本操作

学习目标

1. 掌握化学实验基本操作技能。
2. 形成良好的实验室工作习惯,养成实事求是的科学态度。
3. 能识别常见易燃、易爆化学品的安全标识,了解防火与灭火常识。
4. 知道常见化学实验废弃物的处理方法,树立安全和环保意识。
5. 发展科学态度与社会责任等化学学科核心素养。

一、化学实验中的基本操作

1. 药品取用

(1) 取用要求

① 取用固体药品时,不能用手直接接触药品,也不能将鼻孔凑到容器口去闻药品(特别是气体)的气味。

② 若无说明用量,一般应按最少量取用:液体 1～2 mL,固体盖满试管底部即可。

③ 反应结束后,剩余的药品不能放回原瓶,也不要随意丢弃,不能带出实验室,要放入

指定容器内。

（2）固体药品取用的操作方法

固体药品取用的操作方法参考图1-9。

 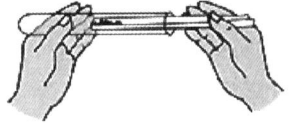

图1-9　固体药品取用的操作方法

① 粉末状固体：一横二放三慢立，即横放试管→装有药品的药匙或折纸平行地伸入试管底部→试管缓缓直立。

② 块状固体：一横二送三慢立，即试管横放→块状固体放在试管口→试管缓缓竖起（防止试管破裂）。

（3）液体药品取用的操作方法

液体药品取用的操作方法如图1-10所示。

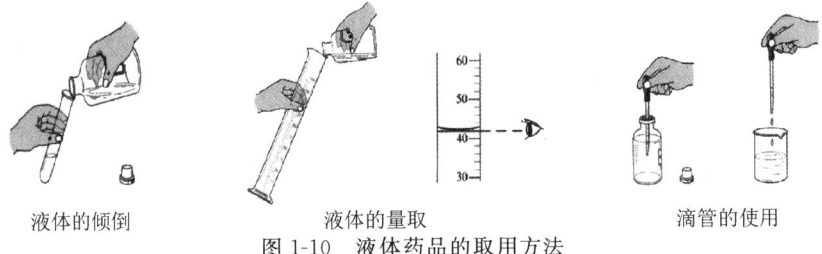

图1-10　液体药品的取用方法

① 液体取样：取下瓶塞→倾斜试管→试管口与试剂瓶口紧挨（标签向手心）→缓缓倒入液体药品。

② 量取液体：量筒倾斜且与瓶口紧挨→缓缓倒入接近所量刻度→量筒放平→用胶头滴管逐滴加入（视线与凹液面最低点齐平读数）。

③ 吸取或滴加：捏紧橡胶头，排出空气→滴管伸入所吸液体液面下→吸取液体→取出滴管悬空放置在被滴入的容器口上方→拇指、食指捏挤橡胶头，滴入容器中（胶头滴管不能平放，倒置）。

2. 酒精灯的加热

（1）酒精灯的使用

酒精灯的使用要求如图1-11所示。

图1-11　酒精灯的使用要求

① 检：检查酒精灯里是否有酒精（酒精不能超过酒精灯容积的 2/3）。
② 点：用火柴点燃，禁止用燃着酒精灯引燃另一盏酒精灯。
③ 熄：用灯帽盖灭，盖灭后轻提一下灯帽，再重新盖好。
酒精灯加热操作方法如图 1-12 所示。

图 1-12　加热的操作方法

注意：
① 若酒精洒出并在桌上引起燃烧，应立即用湿抹布扑灭。
② 添加酒精应使用漏斗，绝对禁止向燃着的酒精灯里添加酒精。
酒精灯灯焰由焰芯、内焰、外焰三部分组成，其中外焰温度最高，应用外焰加热。
（2）可加热的仪器
① 直接加热：试管、蒸发皿。
② 间接加热：烧杯、烧瓶，应垫陶土网间接加热。
（3）加热操作及注意事项
① 加热前先擦干仪器外壁再加热。
② 加热前先预热，然后再集中加热。
③ 加热后的玻璃仪器不能立即用冷水冲洗。
④ 给试管中的液体加热时，液体不能超过试管容积的 1/3，试管口不能对着自己或别人。

3. 试管清洁

试管的清洁方法如图 1-13 所示。

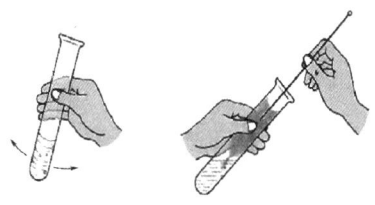

图 1-13　试管的清洁方法

① 手指握住试管中间位置。
② 试管刷洗：上下移动或转动试管刷洗，刷洗时不要用力过猛。
试管洗涤干净的标准：试管内壁附着水既不聚成水滴也不成股流下（即内外壁不挂水珠）。

二、化学品使用安全标识

实验室中化学品常见安全标识如图 1-14 所示。

图 1-14　危险化学品标识

三、化学实验安全措施

① 实验有气体参与或生成时,应在通风橱中进行,并对尾气进行适当处理。

② 浓酸洒出,先用 Na_2CO_3(或 $NaHCO_3$)中和,后用水冲擦干净。浓酸沾在皮肤上,先用干抹布拭去,再用水冲洗。浓酸溅入眼中,先用稀 $NaHCO_3$ 溶液淋洗,然后请医生处理。

③ 浓碱洒出,先用稀乙酸中和,然后用水冲擦干净。浓碱沾在皮肤上,先用大量水冲洗,再涂硼酸。浓碱溅入眼中,用水洗后再用硼酸溶液中和碱液。

④ 钠、钾、黄磷等引起着火应用沙土扑灭。

四、实验室火灾事故预防

实验室常见的火灾事故主要是由电源和试剂引起的:实验室内用电设备、仪器等使用年限过久、运行故障等引发的电源火灾;化学试剂意外燃烧或爆炸引起的试剂火灾。加强安全管理、提高安全意识、完善应急准备等,可以显著减少实验室火灾事故的风险。

1. 电源火灾预防措施

① 定期检查电气设备:确保实验室内的所有电气设备,包括照明设施、用电仪器和电加热设备等,都经过定期的安全检查和维护。检查内容包括电线是否老化、接头是否松动、设备是否过载等。

② 正确使用电器:避免使用破损的电器或插座,不随意拉接电线,确保电器设备的功率

与电源相匹配。使用电加热设备时,要有人在场看管,避免长时间无人值守。

③ 安装漏电保护装置:在实验室的电源系统中安装漏电保护装置,以便在发生漏电时及时切断电源,防止火灾发生。

2. 试剂火灾预防措施

① 科学储存试剂:将易燃易爆的试剂存放在阴凉、通风、干燥的地方,远离火源和热源。对于易挥发的试剂,应加盖密封保存,以减少挥发。

② 严格控制试剂用量:在实验中,严格按照操作规程使用试剂,避免过量使用或随意倾倒。对于易自燃的固体物质,如钾、钠、黄磷等,应储存在安全容器中,并避免与水接触。

③ 使用防爆设备:在可能产生爆炸性气体的实验中,应使用防爆设备,如防爆灯、防爆开关等,以减少爆炸风险。

在实验室中配备适量的灭火器材,如干粉灭火器、沙土等,并熟悉其使用方法。同时,制定详细的应急预案,以便在发生火灾时能够迅速响应。

在遇到火灾险情时,正确使用消火栓(图 1-15)至关重要:按下弹簧锁,拉开箱门,组装水枪与水带、消火栓接口,逆时针打开水轮,对准火灾区域喷水灭火。

图 1-15　消火栓的使用

五、废弃物处理方法

实验室废弃物应根据其性质(如化学性质、生物危害性等)进行分类收集。不同类型的废弃物应存放在指定的容器中,并明确标识。存放地点应远离火源、热源和人员密集区域,确保安全。收集到的废弃物应定期送往专门的废弃物处理中心或按照相关规定进行集中处理。

1. 废气

在实验操作中,有些实验会产生少量有害气体。为了保障实验人员的健康,这类实验应在通风橱中进行。通风橱能够有效隔离并排出这些有害气体,防止它们在实验室内扩散,从而保护实验环境的安全。然而,有些实验可能会产生大量有害、有毒气体。这些气体的浓度高、毒性大,如果直接排放到空气中,将对实验室的环境造成严重污染,甚至可能引发安全事故。因此,对于这类实验,必须使用专门的通风橱和通风设备进行吸收或处理。这样,不仅能够有效减少有害气体的排放,还能最大程度地降低对实验环境和人员的危害。

2. 废液

在学校实验室中,废液的处理是一项至关重要且不容忽视的任务。这些废液主要分为两大类:有机溶剂废液和无机溶剂废液。有机溶剂废液,比如甲苯、乙醇、乙酸以及有机卤化溶剂等,它们往往具有易燃易爆的特性,并且可能对人体健康产生严重影响。无机溶剂废液,包括重金属废液、废酸、废碱等,这些废液中的化学物质可能对环境和生态系统造成长期危害。

在进行实验时,我们绝对不能轻视这些废液的处理。绝不能因为一时的方便,就直接将有害、有毒的废液倒入水槽或下水道。这样的做法不仅违反了环保规定,而且可能对环境造成不可逆转的损害,甚至威胁到人们的生命健康。

因此,我们必须严格遵守实验室废液处理的规定。所有有害、有毒的废液都应该被倒入指定的废液回收桶中,以便进行统一的安全处理,确保实验室环境的安全。

3. 废固

必须被安全地存放于专门的收集桶中,必须严格禁止随意掩埋和丢弃。对于盛装过有毒废弃物品的空器皿和包装物,必须确保经过完全的处理,消除了所有危害隐患后,才能考虑重新使用或安全丢弃。

保护环境是我们每个人的责任,这不仅是一种道德要求,更是我们对未来的承诺。在实验过程中,我们应当牢固树立绿色化学和绿色实验的意识,时刻牢记我们每一次实验都可能对环境产生影响。

 你知道吗?

污水处理的方法

生活污水主要来源于家庭、学校、医院、宾馆等公共场所,以及农村地区的生活排水。这些污水中含有大量的有机物、无机物、微生物和寄生虫等,如果不经过处理直接排放,会对环境和人类健康造成严重影响。

(1)物理法:主要利用物理作用去除污水中的悬浮物、漂浮物等。常用的方法有格栅、筛网、沉淀、气浮等。物理法处理构筑物较简单、经济,适用于村镇水体容量大、自净能力强、污水处理程度要求不高的情况。

(2)化学法:主要利用化学反应作用来处理或回收污水中的溶解物质或胶体物质。常用的方法有混凝法、中和法、氧化还原法、离子交换法等。化学处理法处理效果好,但费用较高,多用于生化处理后的出水,做进一步的处理,以提高出水水质。

3. 生物法:主要利用微生物的新陈代谢功能,将污水中呈溶解或胶体状态的有机物分解氧化为稳定的无机物质,使污水得到净化。常用的方法有活性污泥法和生物膜法。生物法具有处理效率高、运行成本低、无二次污染等优点,是生活污水处理的主流方法。

随着科技的进步和环保意识的提高,生活污水处理技术也在不断发展和创新。未来,生活污水处理将更加注重节能降耗、提高处理效率、降低运行成本以及实现资源化利用等方面的发展。同时,智能化、自动化和远程监控等技术也将被广泛应用于生活污水处理领域,以提高处理效果和管理水平。

练习题

一、选择题

1. 在实验室中,处理有毒化学品时应( )。

A. 直接用手拿取

B. 使用适当的个人防护装备

C. 不需要特别小心，因为实验室有紧急处理设备

D. 随意放置在实验台上

2. 下列不是实验室废液处理原则的是（　　）。

A. 分类收集　　　　　　　　B. 随意倾倒至下水道

C. 集中处理　　　　　　　　D. 使用专用容器存放

3. 在进行化学实验时，若不慎将酸溅到皮肤上，应立即（　　）。

A. 用水冲洗　　　　　　　　B. 涂抹药膏

C. 用布擦拭　　　　　　　　D. 不用管，自然会好

4. 实验室电器设备起火时，首选的灭火器材是（　　）。

A. 泡沫灭火器　　　　　　　B. 干粉灭火器

C. 二氧化碳灭火器　　　　　D. 水

5. 实验室内易燃易爆物品正确的存放方式是（　　）。

A. 随意放置

B. 与其他化学品混合存放

C. 储存在阴凉、通风良好且远离火源的地方

D. 放在显眼位置以便取用

二、判断题

1. 实验室内可以随意品尝化学试剂的味道。　　　　　　　　　　（　　）
2. 实验过程中产生的废液可以直接倒入下水道。　　　　　　　　（　　）
3. 实验室内可以使用明火，只要小心就可以。　　　　　　　　　（　　）
4. 实验室内不需要配备急救箱和灭火器材。　　　　　　　　　　（　　）
5. 在使用有毒化学品时，应佩戴个人防护装备，如手套、口罩和护目镜。（　　）

本章知识点总结

1. 原子结构

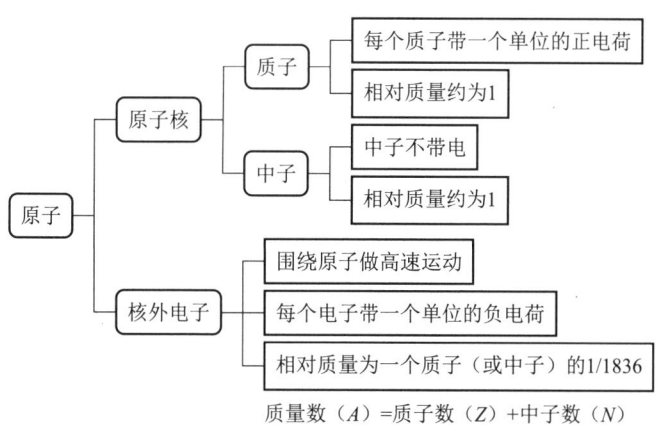

质量数（A）＝质子数（Z）＋中子数（N）

2. 元素周期表记忆规律

① 最外层电子数与次外层电子数相等的原子有 Be、Ar；

② 最外层电子数是次外层电子数 2 倍、3 倍、4 倍的原子分别是 C、O、Ne。

③ 次外层电子数是最外层电子数 2 倍的原子有 Li、Si。

④ 内层电子总数是最外层电子数 2 倍的原子有 Li、P。

⑤ 电子层数与最外层电子数相等的原子有 H、Be、Al；电子层数是最外层电子数 2 倍的原子是 Li。

⑥ 最外层电子数是电子层数 2 倍的原子有 He、C、S；最外层电子数是电子层数 3 倍的原子是 O。

3. 化学键

① 共价化合物只含共价键。含有共价键的化合物不一定是共价化合物，如 NaOH。

② 只含共价键的物质不一定是共价化合物，也可能是单质，如 O_2、N_2、Cl_2 等

③ 含有离子键的化合物一定是离子化合物。离子化合物中一定有离子键，也可能含有共价键。

④ 只由非金属元素组成的化合物不一定是共价化合物，如 NH_4Cl 等。

⑤ 由金属元素和非金属元素组成的化合物不一定是离子化合物，如 $AlCl_3$。

第二章 化学反应及其规律

化学作为一门自然科学,其核心在于研究物质的性质、组成、结构以及它们之间的变化规律,而这一切都离不开化学反应。我们知道四种基本的化学反应类型——化合反应、分解反应、置换反应和复分解反应。这些反应类型各具特点,在日常生活和工业生产中都有着广泛的应用。

然而,化学反应的世界远比我们想象的更为复杂和丰富。各类化学反应的发生机制、遵循的规律以及影响反应速率的因素,都是化学研究的重要课题。例如,为什么有些反应能够迅速进行,而有些反应却异常缓慢?如何控制反应条件以优化反应过程?这些问题不仅关乎理论知识的深化,更对工业生产实践具有直接的指导意义。

因此,我们需要系统地学习化学反应及其规律,以便更好地利用化学反应为人类的生产和生活服务。本章将引领你揭示化学反应的奥秘与规律。让我们一同踏上这场化学之旅,共同探索物质转化的奇妙世界吧!

第一节 氧化还原反应

学习目标

1. 了解氧化反应、还原反应和氧化还原反应的概念。
2. 认识有化合价变化的反应是氧化还原反应。
3. 了解氧化还原反应的本质是原子间电子的转移。
4. 了解常见的氧化剂和还原剂。

看一看

苹果褐变

蜡烛燃烧

金属生锈

氧化还原反应示例

 **想一想**

1. 铁在潮湿的空气中为何会慢慢生锈？
2. 为何薯片、坚果等易变质食品会选择真空包装或添加特制铁粉作为保鲜手段？这些保鲜方法是如何有效延长食品保质期的？

氧化还原反应不仅具有理论意义，更是一类重要的化学反应，在工业生产、科学研究以及日常生活中有着广泛的应用。我们接触到的各种金属，大部分都是通过氧化还原反应从矿石中提炼得到的；很多重要的化工产品，如三大强酸（盐酸、硫酸、硝酸）、氨气等，也都是通过氧化还原反应制备得到的。植物的光合作用、呼吸作用、施入土壤里肥料的变化，实质上也发生着氧化还原反应；化石燃料的燃烧、日常生活用到的干电池、车辆上的蓄电池及空间技术上的高能电池在工作时都发生着氧化还原反应。因此，深入理解和掌握氧化还原反应的原理和应用，对于我们认识和理解生产生活和自然界中的许多现象，以及推动科学技术的发展都具有重要的意义。

一、氧化还原反应概述

在初中化学中，我们学过氢气还原氧化铜的化学反应：

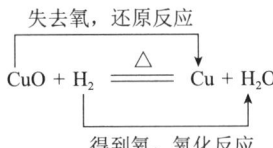

在这个反应中，氧化铜失去氧发生还原反应，氢气得到氧发生氧化反应。这两个过程是在一个反应中同时发生的。像这样一种物质被氧化，同时另一种物质被还原的反应叫作氧化还原反应。

> **思考**
> 氧化还原反应中一定存在一种物质得到氧、另一种物质失去氧吗？氧化还原反应的本质特征是什么？

在下列氧化还原反应中，各种元素的化合价在反应前后有变化吗？

$$\overset{+2}{Cu}\overset{}{O}+\overset{0}{H_2}\xrightarrow{\triangle}\overset{0}{Cu}+\overset{+1}{H_2}O$$

经分析可知，在该反应中，铜元素的化合价从 +2 降低到 0，发生了还原反应，氧化铜被还原；氢的化合价从 0 升高到 +1，发生了氧化反应，氢气被氧化。

再看下列反应：

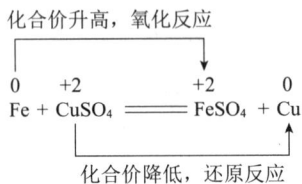

反应中铜元素的化合价变化与前面的反应相似,虽然没有失氧的过程,但其化合价都是从+2降低到0,被还原,发生了还原反应;铁元素虽然没有得氧的过程,但其化合价从0升高到+2,被氧化,发生了氧化反应。

并非只有得到氧、失去氧的反应才是氧化还原反应,凡是有元素化合价升降的化学反应都是氧化还原反应。其中,元素化合价升高的反应称为氧化反应,元素化合价降低的反应称为还原反应。

如何延长食品的保质期?

一些容易变质的食品,比如薯片、坚果等,在包装上会采用特别的方式,比如真空包装,或者在包装袋中放入一小包特制的铁粉。那么,这样做的背后究竟隐藏着怎样的科学原理呢?

其实,这些做法都是为了防止食品氧化变质。薯片、坚果等食品中含有丰富的不饱和脂肪酸和其他易氧化的营养成分,一旦与空气中的氧气接触,就会发生氧化反应,导致食品变质、营养流失,甚至产生异味。

真空包装的原理是通过排除包装袋内的空气,创造一个无氧或低氧的环境,从而减缓食品的氧化过程,达到保鲜的目的。

而往包装袋中装入特制铁粉的做法,则是利用了铁的还原性。铁粉可以与包装袋内的氧气发生氧化还原反应,从而消耗掉氧气,降低包装袋内的氧浓度,达到防止食品氧化的效果。这种特制的铁粉在食品保鲜中扮演着"脱氧剂"的角色。

我们知道,元素化合价的升降与电子的得失(或电子对的偏移)密切相关,由于电子带负电荷,因此,元素原子每得到一个电子,化合价就降低1;反之,元素原子每失去一个电子,化合价就升高1。因此,也可以说有电子得失(或共用电子对偏移)的反应叫作氧化还原反应。

在同一个氧化还原反应中,得到电子总数等于失去电子总数。

> **思考**
> 化学反应基本类型可分为化合反应、分解反应、置换反应和复分解反应,那这四种基本类型的反应都是氧化还原反应吗?它们与氧化还原反应之间的关系是怎样的呢?

其实,这四种基本类型的反应与氧化还原反应有一定的关系:
① 所有的置换反应都是氧化还原反应;
② 所有的复分解反应都不是氧化还原反应;
③ 有单质参加的化合反应一定是氧化还原反应;
④ 有单质生成的分解反应一定是氧化还原反应。
四种基本类型的反应与氧化还原反应之间的关系如图2-1所示。

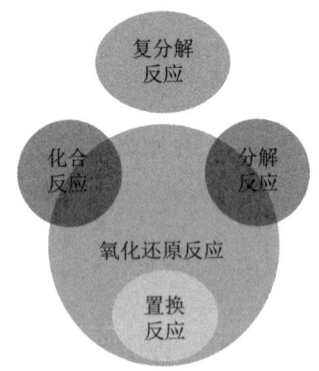

图 2-1　四种基本类型的反应与氧化还原反应之间的关系

 **趣味实验**

苹果"魔法"变色

实验材料：

新鲜苹果一个、榨汁机或搅拌棒、透明玻璃杯、维生素 C 片（可选，用于对比）。

实验步骤：

1. 使用榨汁机或搅拌棒将新鲜苹果榨成汁，倒入透明玻璃杯中。

2. 观察苹果汁的初始颜色，通常为淡绿色，这是由于其中含有 Fe^{2+} 所致。

3. 将玻璃杯放置在空气中，观察苹果汁颜色的变化。随着时间的推移，苹果汁将逐渐变为棕黄色，这是因为 Fe^{2+} 与空气中的氧气发生了氧化还原反应，被氧化为 Fe^{3+}。

4.（选做）为了对比，在另一份苹果汁中加入维生素 C 片，观察颜色变化是否受到抑制。

结论：维生素 C 具有还原性，能够减缓 Fe^{2+} 的氧化过程。

二、氧化剂和还原剂

看一看

橘子

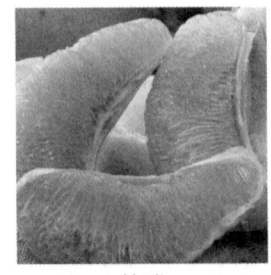
柚子

西兰花

富含维生素 C 的水果和蔬菜示例

 想一想

> 1. 苹果在切开后暴露在空气中会逐渐变色，这是由于果肉中的某些成分与空气中的氧气发生了氧化还原反应。在这个反应中，哪个是氧化剂？哪个是还原剂？
> 2. 我们在日常生活中使用的电池，其内部也发生着氧化还原反应。那么，在电池放电的过程中，正极材料是充当了氧化剂还是还原剂的角色呢？

氧化剂和还原剂作为反应物共同参与氧化还原反应。在反应中，电子从还原剂转移到氧化剂，即氧化剂是得到电子（或共用电子对偏向）的物质（如图 2-2 所示），在反应时所含元素的化合价降低。氧化剂具有氧化性，反应时本身被还原。还原剂是失去电子（或共用电子对偏离）的物质，在反应时所含元素的化合价升高。还原剂具有还原性，反应时本身被氧化。

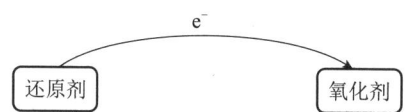

失去电子（或共用电子对偏离）　得到电子（或共用电子对偏向）

图 2-2　氧化剂和还原剂的关系

例如，对于下列反应：

$$\overset{2e^-}{\underset{\text{氧化剂\ \ 还原剂}}{CuO + H_2}} \xrightarrow{\triangle} Cu + H_2O$$

$$\overset{2e^-}{\underset{\text{氧化剂 还原剂}}{Cl_2 + H_2}} \xrightarrow{\text{点燃}} 2HCl$$

常用的氧化剂有活泼的卤素、O_2、Na_2O_2、H_2O_2、$HClO$、$NaClO$、$KClO_3$、$KMnO_4$、$K_2Cr_2O_7$、浓 H_2SO_4、HNO_3、$FeCl_3$ 等。

常用的还原剂有 K、Na、Mg、Al、Zn、Fe 等活泼的金属及 C、H_2、CO、H_2S、SO_2 等。

氧化还原知识点记忆口诀：升失氧，降得还。

① 升：化合价升高→失：失电子→氧：被氧化，发生氧化反应→还原剂：本身充当还原剂，反应过程中被氧化。

② 降：化合价降低→得：得电子→还：被还原，发生还原反应→氧化剂：本身充当氧化剂，反应过程中被还原。

电池中的氧化还原反应

在我们日常生活中,电池是一种不可或缺的能源供应装置。而电池的工作原理,实际上就是基于氧化还原反应。以常见的干电池为例,让我们来探究一下它内部的奥秘。

干电池的正极通常由碳棒制成,负极则是锌皮,电解质为氯化铵和氯化锌的混合物。当电池开始放电时,锌皮作为负极,会失去电子并被氧化成锌离子,这些锌离子随后进入电解质中。与此同时,在正极处,电解质中的铵根离子或氢离子会得到电子,并被还原成氨气或氢气。这一过程中,电子从负极通过外电路流向正极,形成了电流,为用电器提供了所需的电能。

值得注意的是,电池放电的过程实际上就是氧化还原反应的过程。在这一过程中,锌皮被氧化,而电解质中的离子被还原,从而实现了能量的转换和储存。可以说,没有氧化还原反应,就没有电池技术的存在。

练习题

一、选择题

1. 下列关于氧化还原反应的说法,不正确的是(　　)。
   A. 氧化反应和还原反应同时发生　　B. 一定存在着电子转移
   C. 一定存在着元素化合价变化　　D. 一定有单质参加反应

2. 在下列化学反应中,不属于氧化还原反应的是(　　)。
   A. $S+O_2 \xrightarrow{\text{点燃}} SO_2$　　B. $2Na+Cl_2 \xrightarrow{\triangle} 2NaCl$
   C. $H_2+Cl_2 \xrightarrow{\text{点燃}} 2HCl$　　D. $CO_2+H_2O = H_2CO_3$

二、判断题

1. 氧化剂发生氧化反应,还原剂发生还原反应。　　　　　　　　　　　　　(　　)
2. 在氧化还原反应中,不一定所有元素的化合价都发生变化。　　　　　　　(　　)
3. 在氧化还原反应中,一种元素被氧化,另一种元素肯定被还原。　　　　　(　　)

第二节　化学反应速率

1. 了解化学反应速率的概念及表示方法。
2. 了解温度、浓度、压力和催化剂对化学反应速率的影响。
3. 了解催化剂在生产、生活中的重要作用。

烟花绽放

爆炸

纸张发黄变脆

酿酒

不同反应速率的化学反应示例

> 我们生活在一个充满化学反应的世界里。烟花瞬间绽放、炸药爆炸是化学反应快速进行的例子。然而,也有许多化学反应的速度很慢。比如石油和煤的形成需要经历数亿年的地质变迁。那么,是什么导致了化学反应速率的巨大差异呢?

初中化学已经为我们揭示了化学反应的多样性,有的反应以迅雷不及掩耳之势,瞬间完成;有的则如蜗牛漫步,缓缓推进。这种"快"与"慢"的相对性,在科学研究和实际应用中显得尤为重要。为了对化学反应的快慢进行精准的定量描述或比较,我们需要一个统一的衡量标准,即化学反应速率。

化学反应的发生离不开特定的条件,而有些反应,如化肥的生产和药物的合成,我们期待它们能迅速且高效地生成大量的目标产物;然而,另一些反应,如钢铁的腐蚀、橡胶塑料的老化以及食品的变质,我们则希望它们能尽可能地减缓,以减少不利产物的生成。因此,我们不仅要关注化学反应进行的快慢,即化学反应速率,还要关注反应进行的程度,即反应物转化为生成物的比例,这涉及化学平衡的问题。这两个方面对于深入理解化学反应以及指导生产实践都具有极其重要的意义。

一、化学反应速率的概念

化学反应速率是用来衡量化学反应进行的快慢程度的物理量,通常用单位时间内反应物浓度的减少或生成物浓度的增加来表示。

浓度的单位常用 mol/L 表示,化学反应速率的单位常用 mol/(L·min) 或 mol/(L·s) 表示。例如,在某化学反应中,某一反应物 B 的初始浓度是 2.0 mol/L,经过 2 min 后,B 的浓度变成了 1.6 mol/L,则在这 2 min 内以 B 物质浓度变化表示的反应速率为:

$$v_B = \frac{2.0 \text{ mol/L} - 1.6 \text{ mol/L}}{2 \text{ min}} = 0.2 \text{ mol/(L·min)}$$

二、影响化学反应速率的因素

不同的化学反应,具有不同的反应速率。化学反应速率主要由反应物的性质来决定。例如,在外界条件相同的情况下,钠与水反应剧烈,甚至会引发爆炸,而镁与水的反应则很慢。同一个化学反应,在不同的外界条件下,会有不同的化学反应速率,其影响因素主要是浓度、压强、温度、催化剂等。

1. 浓度对化学反应速率的影响

在氧气环境中,木炭的燃烧相较于在空气中更为旺盛,展现出耀眼的白光并释放出大量热量;同样,硫在空气中燃烧时,仅产生微弱的淡蓝色火焰,但进入氧气中会燃烧得更加猛烈,火焰转变为明亮的蓝紫色。显然,无论是木炭与氧气的反应,还是硫与氧气的反应,在纯氧条件下都比在空气中更为剧烈,且反应速率显著提升。这一现象归因于纯氧中氧气分子的浓度远高于空气中的氧气分子浓度。

【演示实验2-1】

取2只圆底烧瓶,各放入2 g碳酸氢钠粉末。再各加入100 mL 1.0 mol/L和0.2 mol/L的盐酸溶液,分别在瓶口套入两只相同的气球,观察现象。

现象:浓度大的产生气泡快,气球膨胀很快;而浓度小的产生气泡慢,气球膨胀缓慢。

结论:当其他条件不变时,增加反应物的浓度,能提高反应速率。

2. 压强对化学反应速率的影响

在涉及气体参与的反应中,压强对反应速率具有显著影响。具体而言,保持温度恒定,若增加压强,则气体体积会相应减小,导致单位体积内气体分子数量增加,即气体浓度上升,进而促使反应速率加快。相反地,降低压强时,在温度不变的情况下,气体体积会扩大,单位体积内的气体分子数量减少,即气体浓度降低,反应速率也随之减缓。因此,对于包含气体反应物的化学反应而言,压强的增加或减少实质上等同于浓度的增加或减少,两者对反应速率的影响是等同的。即在其他条件维持不变的情况下,提高气体反应体系的压强能加速反应,降低压强则会减缓反应。

相比之下,固体和液体由于具有难以压缩的特性,在压强变化时,其体积几乎不受影响,因此浓度的变化微乎其微。所以,当反应物为固体、液体或溶液时,可以认为压强的变化对它们的反应速率几乎没有影响。

你知道吗?

高压锅里的水被加热烧开后产生蒸汽,再继续加热,蒸汽的压强会逐渐升高,锅内的水的沸点不断被提高,那么锅内的温度也随之上升,可以超过100 ℃。生活中可以利用高温、高压来快速烹制食物或用来消毒灭菌。

3. 温度对化学反应速率的影响

温度对反应速率的影响特别显著。例如,在常温下,煤在空气中甚至在纯氧里也不能燃烧,但在高温时则会剧烈燃烧。氢气和氧气化合生成水的反应,在常温下进行得极慢,哪怕经过几年时间也觉察不出有明显的反应发生,但如果反应温度升高到600 ℃,氢气和氧气会立即反应并可发生猛烈的爆炸。

温度升高,能加快化学反应速率。一般来说,温度每升高 10 ℃,化学反应速率能增大到原来的 2～4 倍。

> 思考
> 为什么面包放在冰箱里能保存更久?

4. 催化剂对化学反应速率的影响

催化剂能改变化学反应速率。如在实验室里使用分解氯酸钾($KClO_3$)的方法制取氧气时,为了加快氧气生成的速率,通常以二氧化锰(MnO_2)作为该反应的催化剂。

人们把能显著改变反应速率,而本身的组成、质量和化学性质在反应前后保持不变的物质称为催化剂。有些催化剂能起到延缓反应速率的作用,又叫阻化剂,如日常所见食品包装中加入的防腐剂、为防止油脂变质加入的抗氧化剂等。

5. 其他因素对化学反应速率的影响

影响化学反应速率的除以上因素外,还有接触面积、扩散速率等。在化工生产中,常将大块固体破碎成小块或磨成粉末,以增大接触面积,从而加快化学反应速率。另外,某些反应也会受光、超声波、磁场等影响而改变反应速率。

你知道吗?

纳米调控下的核裂变与核聚变

纳米技术深入微观世界,为核裂变与核聚变反应带来了新的调控手段。核裂变是重原子核分裂并释放能量的过程,形成链式反应,用于核电站和原子弹。核聚变则是轻原子核结合成重原子核,释放巨大能量,如太阳的能量来源。近年来,科学家利用纳米技术调控这些反应的反应速率,设计纳米材料作为催化剂或抑制剂,精细控制核反应。在核裂变中,纳米材料可精确控制中子传播路径和速率,调节链式反应速率,提升核电站安全性和效率。在核聚变方面,纳米颗粒优化等离子体条件,提高聚变反应发生概率和能量输出,还能作为能量转换和传输介质,提高能量利用效率。随着纳米技术的发展,核裂变与核聚变将更可控、高效和安全,为可持续发展注入新活力。

练习题

一、选择题

1. 下列关于化学反应速率的说法,正确的是(　　)。

A. 化学反应速率是指一定时间内任何一种反应物浓度的减少或者任何一种生成物浓度的增加

B. 化学反应速率为 0.8 mol/(L·s)表示的意思是:时间为 1 s 时,某物质的浓度为 0.8 mol/L

C. 根据化学反应速率的大小可以知道化学反应进行的快慢

D. 对于任何化学反应,反应速率越大,反应现象越明显

2. 对于一个有气体参加的化学反应来说,影响反应速率的主要因素是(　　)。

A. 浓度和温度　　　　　　　　　B. 浓度、温度和压强

C. 浓度、温度和催化剂　　　　　D. 浓度、温度、压强和催化剂

3. 下列措施能减慢化学反应速率的是(　　)。

A. 将煤块粉碎后燃烧

B. 食物贮藏在冰箱内

C. 利用 $KClO_3$ 固体加热制 O_2 时添加少量 MnO_2 固体

D. 用 2 g 锌粒替代 1 g 锌粒与同浓度同体积的过量盐酸反应

二、判断题

1. 化学反应速率的快慢,首先决定于反应本身的性质。对于任意一个给定的化学反应,影响反应速率的主要因素有浓度、温度、压强和催化剂。（　　）

2. 在化学反应前后,催化剂本身的质量、物理性质、化学性质都没有改变。（　　）

3. 对于有气体参加的反应,增大压强,都可以使其反应速率加大。（　　）

第三节　化学平衡

学习目标

1. 认识化学反应的方向性。
2. 了解可逆反应的含义,知道可逆反应在一定条件下能达到平衡状态。
3. 了解吸热反应和放热反应。
4. 了解浓度、压强、温度对化学平衡的影响。

在探索化学反应的奥秘时,我们不仅要关注反应如何进行,即方向与速率,还需深入理解反应能够达成的最终状态——化学平衡。化学平衡揭示了指定条件下反应物转化为产物的最大限度,是衡量化学反应完成程度的关键。掌握化学平衡的原理与应用,对于深化化学知识学习及指导工业生产实践至关重要。它帮助我们优化反应条件,提高原料利用率,减少资源浪费,是实现绿色化学和可持续发展的基石。因此,深入探讨化学平衡问题,具有深远的理论与实践意义。

一、可逆反应与化学平衡

各种化学反应中,反应进行的程度不同,在有些反应中反应物可全部转化为生成物,即反应能进行到底。这种几乎只能向一个方向进行"到底"的反应叫作不可逆反应。用符号

"⟶"表示。例如：

$$NaOH + HCl \longrightarrow NaCl + H_2O$$

在同一反应条件下，能同时向正、反两个方向进行的反应叫作可逆反应。为表示化学反应的可逆性，在化学方程式中用"⇌"来表示。例如：

$$2SO_2 + O_2 \rightleftharpoons 2SO_3$$

习惯上，根据化学方程式，将从左向右进行的反应称为正反应，从右向左进行的反应称为逆反应。

化学平衡状态是指在一定条件下的可逆反应，是正反应和逆反应的速率相等、反应混合物中各组分的浓度保持不变的状态。

当反应达到平衡的时候，正反应和逆反应都仍在继续进行，正、逆反应的速率相等，因此反应混合物中各组分的浓度不变。

二、化学平衡移动

化学平衡只有在一定的条件下才能保持，当一个可逆反应达到化学平衡状态后，如果改变浓度、压强、温度等反应条件，平衡状态也随之改变，平衡混合物里各组分的浓度也会随之改变，最终在新的条件下达到新的平衡状态。

当平衡条件发生改变时，旧化学平衡被破坏、建立新化学平衡的过程叫作化学平衡的移动。

三、影响化学平衡移动的条件

1. 浓度对化学平衡移动的影响

【演示实验2-2】

在试管中加入 0.1 mol/L $FeCl_3$ 溶液和 0.1 mol/L KSCN（硫氰化钾）溶液各 10 mL，摇匀，可观察到溶液呈现血红色。然后将反应混合物平均分到三支试管中：第一份不做处理；第二份加少量 $FeCl_3$ 溶液，振荡试管，并与第一份比较；第三份中加少量 KCl 溶液，振荡试管，并与第一份比较。

可以看到，第二份与第一份比较，红色加深；第三份与第一份比较，红色变淡。

$$FeCl_3 + 3KSCN \rightleftharpoons Fe(SCN)_3 + 3KCl$$

（黄色）　　（无色）　　　（血红色）　　（无色）

① 加 $FeCl_3$→溶液颜色加深→平衡向正反应方向移动。

② 加 KCl→溶液颜色变淡→平衡向逆反应方向移动。

实验表明，在其他条件不变的情况下，增大反应物的浓度或减小生成物的浓度，可以使化学平衡向正反应的方向移动；增大生成物的浓度或减小反应物的浓度，可以使化学平衡向逆反应的方向移动。

2. 压强对化学平衡移动的影响

可以用下列反应来说明压强对化学平衡移动的影响。

$$2NO_2(g) \rightleftharpoons N_2O_4(g)$$
（红棕色） （无色）

用注射器吸入少量 NO_2 和 N_2O_4 的混合气体，将注射器活塞反复往里推（加压）和往外拉（减压），可以看到，压强变化对化学平衡移动产生了影响。

① 加压→颜色逐渐变浅→平衡向气体体积减小的方向移动，如图2-3（左）所示。

② 减压→颜色逐渐变深→平衡向气体体积增大的方向移动，如图2-3（右）所示。

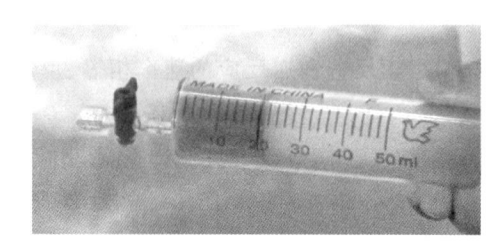

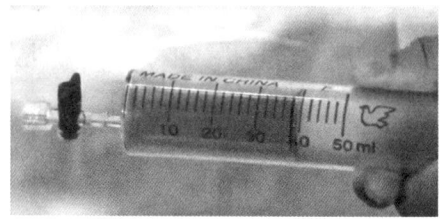

图2-3 NO_2 和 N_2O_4 的混合气体在不同压强下的颜色转化

实验表明，在其他条件不变的情况下，增大压强，化学平衡向着气体体积减小的方向移动；减小压强，化学平衡向着气体体积增大的方向移动。

3. 温度对化学平衡移动的影响

当化学反应发生时，不仅有新物质生成，通常还伴随着能量的变化。化学上把有热量放出的化学反应叫作放热反应，放热反应往往可表现为反应体系温度的升高，例如燃料的燃烧、食物的腐败等。把吸收热量的化学反应叫作吸热反应，如 $C + CO_2 \rightleftharpoons 2CO$ 就是吸热反应。对于可逆反应，如果正反应方向是放热的，则逆反应方向是吸热的。

对于吸热或放热的可逆反应中，当反应达到平衡状态后，改变温度也会使化学平衡发生移动。

【演示实验2-3】

把 NO_2、N_2O_4 气体平衡仪的一个球体放进热水中，而另一个球体放进冷水中，如图2-5所示。观察气体平衡仪球体的颜色变化，并与常温时 NO_2、N_2O_4 气体平衡仪球体中的颜色进行对比。

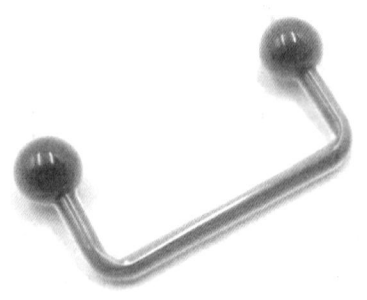

（a）常温下的 NO_2、N_2O_4 气体平衡仪　　（b）右球放入热水、左球放入冷水中的 NO_2、N_2O_4 气体平衡仪

图2-5 温度对化学平衡移动的影响

$$2NO_2 \rightleftharpoons N_2O_4 \quad (正反应为放热反应)$$
（红棕色）（无色）

可以看到：

降温→颜色变浅→平衡向放热方向移动；

升温→颜色变深→平衡向吸热方向移动。

实验表明，在其他条件不变的情况下，温度升高，会使化学平衡向着吸热反应的方向移动；温度降低，会使化学平衡向着放热反应的方向移动。

催化剂能同等程度地改变正、逆反应的速率，因此它对化学平衡的移动没有影响。但当使用了催化剂时，能大大缩短反应达到平衡所需时间。因此，在化工生产中会广泛使用催化剂。

浓度、压强、温度对化学平衡的影响可以概括为：如果改变影响平衡的一个条件（如浓度、压强或温度等），平衡就向能够减弱这种改变的方向移动。这个原理称为平衡移动原理，也叫勒夏特列原理。

你知道吗？

植物光合作用

自然界中，化学反应平衡不仅限于实验室，更广泛存在于日常生活及生命活动中。植物光合作用便是典型例子。光合作用是植物、藻类和某些细菌利用光能将二氧化碳和水转化为有机物和氧气的过程，是一个复杂的化学反应平衡。光在此过程中至关重要。

光反应阶段，植物吸收光能分解水分子，产生氧气、质子和电子，进而转化为高能化合物ATP和NADPH。这些化合物在暗反应阶段用于固定二氧化碳，生成葡萄糖等有机物。光照充足时，光反应产生的ATP和NADPH充足，暗反应顺利进行，植物高效生成有机物。光照不足时，光反应受抑，ATP和NADPH减少，暗反应速率降低，化学反应平衡向逆反应移动，有机物分解增加，以补充ATP和NADPH。

因此，光合作用展示了光如何作为外部条件，通过影响反应物能量状态和产物生成速率，调节化学反应平衡。这一现象揭示了生命活动奥秘，为理解和应用化学反应平衡原理提供了实例。

练习题

一、选择题

1. 对于一个处于化学平衡的可逆反应，在其他条件不变时，延长时间会使（　　）。

A. 正、逆反应速率不再相等

B. 反应物和生成物浓度改变

C. 反应混合物处于非化学平衡状态

D. 反应混合物仍处于化学平衡状态

2. 某反应在下列情况中,可确认发生了化学平衡移动的是(　　)。

A. 化学反应速率发生了改变

B. 有气态物质参加的可逆反应达到平衡后,改变了压强

C. 由于某一条件的改变,使平衡混合物中各组分的浓度发生了不同程度的改变

D. 可逆反应达到平衡后,使用催化剂

3. 在工业合成氨生产中 $N_2(g)+3H_2(g) \rightleftharpoons 2NH_3(g)$　$\Delta H=-92.4$ kJ/mol,下列措施符合勒夏特列原理的是(　　)。

A. 采用较低压强

B. 采用 500 ℃ 的高温

C. 用铁触媒作催化剂

D. 将生成的氨液化并及时从体系中分离出来

二、判断题

1. 在一定温度下,可逆反应达到化学平衡状态以后,平衡混合物中各物质的浓度都不再变化,反应完全停止。(　　)

2. 化学平衡决定在一定条件下反应的产率,不涉及反应速率的快慢。(　　)

3. 可逆反应 $CO+H_2O(g) \rightleftharpoons CO_2+H_2$ 处于平衡状态时,增大压强不能使化学平衡发生移动。(　　)

4. 可逆反应中,如果正反应是放热反应,其逆反应就是吸热反应。(　　)

本章知识点总结

氧化还原反应

概念	定义
氧化反应	失去电子的反应
还原反应	得到电子的反应
氧化还原反应	有电子得失(或偏移)的反应
氧化剂	化合价降低、在反应中得电子、被还原(降、得、还)
还原剂	化合价升高、在反应中失电子、被氧化(升、失、氧)

影响化学反应速率的因素

条件	影响
浓度	增大反应物浓度,化学反应速率加快
压强	对有气体参与的反应,增大压强,化学反应速率加快
温度	升高温度,化学反应速率加快
催化剂	催化剂能够改变化学反应速率

影响化学平衡移动的因素

条件	影响
浓度	增大反应物浓度或减小生成物浓度,平衡向正反应方向移动;减小反应物浓度或增大生成物浓度,平衡向逆反应方向移动
压强	对有气体参与的反应,增大压强,平衡向气体分子总数减少的反应方向移动;降低压强,平衡向气体分子总数增多的反应方向移动
温度	升高温度,平衡向吸热方向进行;降低温度,平衡向放热反应方向进行
催化剂	催化剂化学反应平衡的移动没有影响

第三章 溶液与水溶液中的离子反应

很多反应都是在溶液中进行的,本章将学习溶液及几种溶液组成的表示方法、电解质的电离、弱电解质的电离平衡、水的离子积和溶液的pH、离子反应和离子方程式、盐的水解以及溶液的配制实验及pH测定实验。通过学习培养学生宏观辨识与微观探析、证据推理与模型认知和现象观察与规律认知,增强学生科学探究与创新意识,培养学生变化观念与平衡思想、科学态度与社会责任的化学学科核心素养。

第一节 溶液组成的表示方法

学习目标

1. 了解物质的量和摩尔质量的概念。
2. 了解溶液组成的表示方法及其相关计算。
3. 掌握一定物质的量浓度溶液的配制方法。

一、物质的量及其单位

看一看

一副春联 　　一筒铅笔 　　一打鸡蛋

用适当的单位表示物质的量

第三章 溶液与水溶液中的离子反应

> **想一想**
>
> 1. 一副春联有几张？一筒铅笔有多少支？一打鸡蛋有多少个？
> 2. 在 $2H_2O \xrightarrow{通电} 2H_2\uparrow + O_2\uparrow$ 这个反应式中，H_2 和 O_2 的微粒数量关系是什么？电解一定质量的水后，产生的 H_2 和 O_2 的体积比是多少？
> 3. 宏观（可计量的）的物质与微观（肉眼不可见的）粒子之间有何关系？

从宏观上来看，物质是由元素组成，从微观上来看物质是由原子、分子、离子等微观粒子构成，因此物质之间所发生的化学反应，实际上是在肉眼看不见的原子、分子或离子等之间进行的。在学习、生产和生活中，称量一定数量的化学品通常可采用天平或者量筒等称量仪器。化学上为了更好地将一定数目的原子、分子或离子等微观粒子与可称量的物质联系起来，引入了新的物理量——物质的量。

在日常生活中，当某物质的质量较大时，一般不使用克来表示，而会选用千克、吨等更大的计量单位。例如，一艘船的质量为 2 t，而不用 2×10^6 g；运动了一个小时，而不说运动了 3600 s，等等。人们根据不同的需要选用一个合适的计量单位，把很大或很小的数值变为大小适中、方便使用的数值。因此，在科学研究中也需要根据实际情况选择使用不同的计量单位，常见的国际单位制（SI）的七个基本单位如表 3-1 所示。

表 3-1 国际单位制（SI）的七个基本单位

物理量	单位名称	单位符号	物理量	单位名称	单位符号
长度	米	m	热力学温度	开[尔文]	K
质量	千克	kg	发光强度	坎[德拉]	cd
时间	秒	s	物质的量	摩尔	mol
电流	安[培]	A			

那么物质中的微观粒子数该用什么计量单位来表示呢？

在 1971 年第十四届国际计量大会上，科学家们提出了一个新的基本物理量。这个物理量指的是一定数目粒子的集合体，它被命名"物质的量"，用符号 n 表示，单位为摩尔（简称"摩"），单位符号为 mol。此前，科学家们已测得 0.012 kg ^{12}C 约含 6.02×10^{23} 个 ^{12}C 原子。国际上规定：1 mol 粒子集合体所含的粒子数目约为 6.02×10^{23}，和 0.012 kg ^{12}C 所含的碳原子数目相等。1 mol 任何粒子的粒子数叫作阿伏伽德罗常数，符号为 N_A，单位为每摩尔，符号 mol^{-1}，通常用 $6.02\times10^{23}\ mol^{-1}$ 表示。

例如：1 mol Fe 约含有 6.02×10^{23} 个铁原子；1 mol H_2O 约含有 6.02×10^{23} 个水分子；1 mol Na^+ 约含有 6.02×10^{23} 个钠离子。

物质中的微观粒子可以是原子、分子、离子、电子等，也可以是电子、中子、质子等。使用物质的量表示物质时，应注明该物质对应的微观粒子，例如 $n(H_2O)$ 等。物质的量（n）、粒子数（N）与阿伏伽德罗常数（N_A）三者之间的关系为：

$$n = \frac{N}{N_A}$$

【例题 3-1】 6.02×10^{22} 个氢气分子的氢气的物质的量是多少?

解:已知 $N_A = 6.02 \times 10^{23} \text{ mol}^{-1}$

$$n = \frac{N}{N_A} = \frac{6.02 \times 10^{22}}{6.02 \times 10^{23} \text{mol}^{-1}} = 0.1 \text{ mol}$$

答:含 6.02×10^{22} 个氢气分子的氢气的物质的量是 0.1 mol。

你知道吗?

阿伏伽德罗常数

早在 17—18 世纪,西方的科学家就已经对 6.02×10^{23} 这个数字有了初步的认识。他们发现,1 个氢原子的质量等于 1 克的 6.02×10^{23} 分之一。但是直到 19 世纪中叶,"阿伏伽德罗常量"的概念才正式由法国科学家让·贝汉(Jean Baptiste Perrin)提出,1865 年 N_A 的值才被德国人约翰·洛施米特(Johann Josef Loschmidt)首次通过科学的方法测出。因此,此常数在一些国家(主要是说德语的国家)也叫洛施米特常数。

二、摩尔质量及其单位

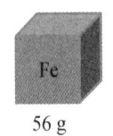

看一看

56 g

98 g

58.5 g食盐

1 mol 不同物质的质量

想一想

1. 物质的量都是 1 mol 的不同物质,质量是否相等?
2. 1 mol 物质的质量对应的数值和什么相关?
3. 1 g 锌里含有多少个锌原子?

1. 摩尔质量的概念

1 mol 物质所含的微观粒子数是相等的,但是不同微观粒子的质量是不同的,因此 1 mol 不同物质具有的质量也是不同的。1 mol 任何微观粒子或物质的质量是以克(g)为单位时,其数值都等于该粒子的相对原子质量或者相对分子质量。化学上将单位物质的量的物质所具有的质量叫作该物质的摩尔质量,用符号 M 表示,常用单位为克每摩尔,符号为g/mol(或 $g \cdot mol^{-1}$)。

例如:S 的摩尔质量为 32 g/mol,H_2 的摩尔质量为 2 g/mol,HCl 的摩尔质量为 36.5 g/mol,OH^- 的摩尔质量为 17 g/mol。

不同物质的摩尔质量一般是不相同,因此使用摩尔质量时,应该注明其表示的物质(或微观粒子),例如 $M(NaOH)$ 等。

【例题 3-2】:硫酸的摩尔质量为多少?

解:H_2SO_4 的相对分子质量 $=1\times2+32+16\times4=98$

所以 $M(H_2SO_4)=98$ g/mol

> 思考
> 硫酸的摩尔质量为 98 g/mol,那么 1 mol 硫酸的质量为多少?

2. 摩尔质量与质量之间的关系

摩尔质量(M)与质量(m)是两个不同的概念,两者之间存在一定的关系。摩尔质量(M)、质量(m)与物质的量之间的关系为:

$$n=\frac{m}{M}$$

【例题 3-3】 10 g 氢气的物质的量是多少?

解:氢气的相对原子质量为 2,因此氢气的摩尔质量为 2 g/mol,

$$n=\frac{m}{M}=\frac{10 \text{ g}}{2 \text{ g/mol}}=5 \text{ mol}$$

答:10 g 氢气的物质的量是 5 mol。

【例题 3-4】 0.5 mol 氢氧化钠的质量是多少?

解:氢氧化钠的相对原子质量为 40,因此氢气的摩尔质量为 40 g/mol,

$$m=nM=0.5 \text{ mol}\times 40 \text{ g/mol}=20 \text{ g}$$

答:0.5 mol 氢氧化钠的质量是 20 g。

3. 同种物质的微粒数(N)、质量(m)和物质的量(n)之间的关系

三者之间的关系为

$$\boxed{\text{质量}(m)} \underset{\times M}{\overset{\div M}{\rightleftharpoons}} \boxed{\text{物质的量}(n)} \underset{\div N_A}{\overset{\times N_A}{\rightleftharpoons}} \boxed{\text{微粒数}(N)}$$

【例题 3-5】 6.5 g 锌里含有锌原子多少个?

解:已知锌的摩尔质量为 65 g/mol,$N_A=6.02\times 10^{23} \text{ mol}^{-1}$,

$$n=\frac{m}{M}=\frac{6.5 \text{ g}}{65 \text{ g/mol}}=0.1 \text{ mol}$$

$$N=nN_A=0.1 \text{ mol}\times 6.02\times 10^{23} \text{ mol}^{-1}=6.02\times 10^{22}$$

答:6.5 g 锌里含有锌原子 6.02×10^{22} 个。

三、气体摩尔体积

看一看

1 mol 铜　　1 mol 铝　　1 mol 水　　1 mol 硫酸

1 mol 不同物质的体积

想一想

1. 固体、液体看得见,容易判断其体积大小,1 mol 铜、铝、水和硫酸的体积是否相同?
2. 1 mol 气体的体积是多少?与固体、液体的体积是否相同?

1. 气体摩尔体积

1 mol 的固体和液体的体积不同,那么 1 mol 气体的体积是否相同呢?由于气体受温度、压力的影响较大,因此测定气体体积时,通常要求在相同的温度和压力下进行测定,大量的实验数据表明:在温度为 0 ℃、压力为 101.325 kPa 时,1 mol 任何气体的体积都约为 22.4 L。化学上将温度为 0 ℃、压力为 101.325 kPa 的状况规定为标准状况,将单位物质的量的气体所占的体积叫作气体摩尔体积,用符号 V_m 表示,常用单位为升每摩尔,符号为 L/mol。在标准状况下,气体的摩尔体积 $V_m = 22.4$ L/mol。

可见在相同物质的温度和压力下,相同体积的任何气体都含有相同数目的粒子数,这个规律叫作阿伏伽德罗定律。

> 思考
> 1. 0.5 mol 氢气与 0.5 mol 氧气体积一定相等吗?
> 2. 标准状况下,0.5 mol 二氧化碳的体积为多少?

2. 气体体积(V)、气体摩尔体积(V_m)与物质的量(n)之间的关系

$$n = \frac{V}{V_m}$$

【例题 3-6】标准状况下,33.6 L 二氧化碳的质量为多少?

解:标准状况下 $V_m = 22.4$ L/mol、$M(CO_2) = 44$ g/mol,

第三章 溶液与水溶液中的离子反应

$$n = \frac{V}{V_m} = \frac{33.6\ \text{L}}{22.4\ \text{L/mol}} = 1.5\ \text{mol}$$

$$m = nM = 1.5\ \text{mol} \times 44\ \text{g/mol} = 66\ \text{g}$$

答：标准状况下，33.6 L 二氧化碳的物质的量为 66 g。

【例题 3-7】标准状况下，64 克氧气的体积为多少？

解：标准状况下 $V_m = 22.4\ \text{L/mol}$、$M(O_2) = 32\ \text{g/mol}$，

$$n = \frac{m}{M} = \frac{64\ \text{g}}{32\ \text{g/mol}} = 2\ \text{mol}$$

$$V = nV_m = 2\ \text{mol} \times 22.4\ \text{L/mol} = 44.8\ \text{L}$$

答：标准状况下，64 克氧气的体积为 44.8 L。

四、物质的量浓度

看一看

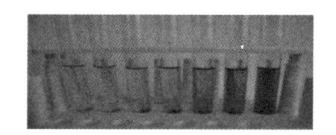

高锰酸钾　　　高锰酸钾溶液（0.01~0.05 mol/L）

想一想

1. 0.01 mol/L 和初中学习的溶液质量分数有什么不同？

2. 生理盐水（0.9% NaCl 溶液）中 0.9% 的含义是什么？

3. 某牛奶配料表中的蛋白质为 3.2 g/100 mL，3.2 g/100 mL 的含义是什么？

1. 物质的量浓度及计算

初中化学里，溶液的浓度可以用溶质的质量分数来表示。除此之外，溶液的浓度还有多种表达方式，实验室常使用一定体积溶液里的溶质的物质的量进行计算，即物质的量浓度。物质的量浓度是用单位体积溶液里所含溶质 B 的物质的量来表示溶液的浓度，用符号 c 表示，常用单位为摩尔每升（符号为 mol/L），其计算方式如下：

$$c = \frac{n}{V}$$

【例题 3-8】将 1 mol NaCl 配成 500 mL 溶液，所得溶液的物质的量浓度为多少？

解：$V = 500\ \text{mL} = 0.5\ \text{L}$，

$$c=\frac{n}{V}=\frac{1 \text{ mol}}{0.5 \text{ L}}=2 \text{ mol/L}$$

答：所得溶液的物质的量浓度为 2 mol/L。

【例题 3-9】 将 4 g NaOH 配制成 250 mL 溶液，所得溶液的物质的量浓度为多少？

解：$M(\text{NaOH})=40$ g/mol，$V=250$ mL$=0.25$ L，

$$n=\frac{m}{M}=\frac{4 \text{ g}}{40 \text{ g/mol}}=0.1 \text{ mol}$$

$$c=\frac{n}{V}=\frac{0.1 \text{ mol}}{0.25 \text{ L}}=0.4 \text{ mol/L}$$

答：所得溶液的物质的量浓度为 0.4 mol/L。

思考

1. 往某溶液中加水进行稀释，溶液中溶质的物质的量是否发生变化？
2. 上述溶液中溶液的体积是否发生变化？
3. 上述溶液物质的量浓度是否发生变化？

往一定物质的量浓度的溶液中加入水进行稀释，溶液中溶质的物质的量不变，即 $n_{浓}=n_{稀}$，但溶液的体积增大了，因此溶液中溶质的物质的量浓度减小了。由于稀释前 $n_{浓}=c_{浓}V_{浓}$、稀释后 $n_{稀}=c_{稀}V_{稀}$，因此得出关系如下：

$$c_{浓}V_{浓}=c_{稀}V_{稀} \quad （两边单位应一致）$$

【例题 3-10】 将 10 mL 6 mol/L 氯化钠溶液加水稀释成 100 mL 溶液，所得溶液的物质的量浓度为多少？

解：$V_{浓}=10$ mL$=0.01$ L，$V_{稀}=100$ mL$=0.1$ L，

$$c_{浓}V_{浓}=c_{稀}V_{稀}$$

$$6 \text{ mol/L} \times 0.01 \text{ L}=c_{稀} \times 0.1 \text{ L}$$

$$c_{稀}=0.6 \text{ mol/L}$$

答：所得溶液的物质的量浓度为 0.6 mol/L。

思考

从 500 mL 1 mol/L 的盐酸中取出 25 mL，取出的盐酸的物质的量浓度为多少？

2. 一定物质的量浓度溶液的计算

物质的量浓度溶液需要使用容量瓶，目前常见的容量瓶规格有 100 ml、250 mL、500 mL、1000 mL 等（见图 3-1），使用时根据所配制溶液的体积选择对应规格的容量瓶。

以 100 mL 2 mol/L 的 NaCl 溶液为例，配制步骤如下：

① 计算：计算配制溶液所需的 NaCl 的质量。

$$m=cVM=2 \text{ mol/L} \times 0.1 \text{ L} \times 58.5 \text{ g/mol}=11.7 \text{ g}$$

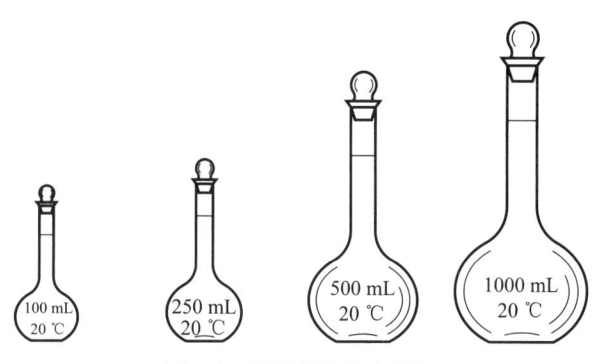

图 3-1 不同规格的容量瓶

② 称量:用天平称量 11.7 g NaCl 固体。
③ 溶解:将 11.7 g NaCl 固体放入烧杯,加适量蒸馏水,搅拌使其溶解。
④ 转移:将烧杯中的溶液沿玻璃棒转移至 100 mL 容量瓶中。
⑤ 洗涤:用适量蒸馏水洗涤烧杯和玻璃棒 2~3 次,洗涤液应全部转入容量瓶中。加蒸馏水至容量瓶容积 3/4 时,轻轻摇动容量瓶,使溶液初步混匀。
⑥ 定容:继续向容量瓶中加入蒸馏水,直到溶液液面接近刻度下 1~2 cm 时,改用胶头滴管加蒸馏水,直到溶液的凹液面最低点与刻度线相切。
⑦ 摇匀:盖好容量瓶的瓶塞,用左手食指按住瓶塞,拿住瓶颈标线以上部分,右手指尖托住瓶底边缘(手心不要接触瓶底)。将容量瓶倒置,待气泡全部上移后,同时将容量瓶旋摇数次,混匀溶液。将容量瓶直立,让溶液完全流下至标线处,反复此操作 10 次以上,使溶液充分混匀,转移至试剂瓶,贴好标签。

配制一定物质的量浓度溶液的过程如图 3-2 所示。

称量　　溶解　　转移　　　　洗涤　　　　定容　　　　摇匀

图 3-2 一定物质的量浓度溶液的配制

思考
1. 用浓盐酸稀释配制稀盐酸时,所需仪器与配制氯化钠溶液所需仪器是否完全相同?若不同,需要使用哪些仪器?
2. 稀释过程中若产生了热量,溶液温度升高,应该如何处理?

五、有关化学方程式的计算

物质的量是化学计算的核心，是多种物理量(微观粒子数、质量、气体体积、物质的量浓度等)转换的桥梁。它们之间的关系如图 3-3 所示：

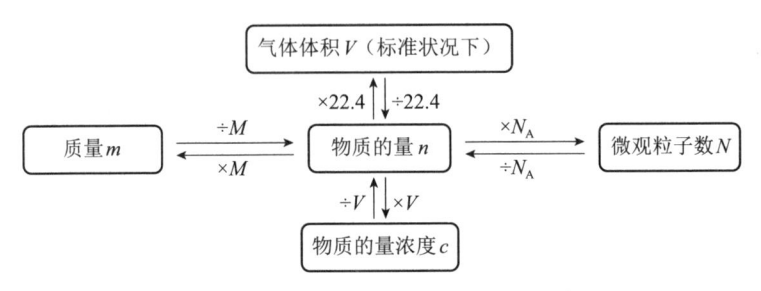

图 3-3 物质的量与各种物理量之间的关系

在化学方程式中，各物质之间存在着一定的数量关系，例如对于气体反应物、生成物，可以直接通过物质的量之比得出体积之比。也可以结合物质的量与其他各种物理量之间的关系，通过物质的量计算其他物理量。

例如： $H_2(g) + Cl_2(g) == 2HCl(g)$

化学计量数	1 :	1 :	2
物质的量(n)之比	1 :	1 :	2
各物质的分子数(N)之比	1 :	1 :	2
相同条件下气体体积(V)之比	1 :	1 :	2

思考

在 $H_2(g) + Cl_2(g) == 2HCl(g)$ 方程式中，氢气和氯气的质量比是多少？

【例题 3-11】实验室用足量盐酸和铁制取氢气，若制得 2 mol 氢气，则反应消耗了铁粉多少克？

解：解设需要称取铁粉的物质的量为 x，

$$Fe + 2HCl == FeCl_2 + H_2\uparrow$$

1 mol   1 mol

x 2 mol

$$\frac{1 \text{ mol}}{x} = \frac{1 \text{ mol}}{2 \text{ mol}}$$

$1 \text{ mol} \times 2 \text{ mol} = 1 \text{ mol} \cdot x$

$x = 2 \text{ mol}$

$m = nM = 2 \text{ mol} \times 56 \text{ g/mol} = 112 \text{ g}$

答：反应消耗了铁粉 112 g。

五、溶液组成的不同表示方法

溶液是由溶质和溶剂组成的,在溶液中进行的化学反应很多,研究这类反应中物质的数量关系时,必须知道溶液中溶质的含量。例如配制消毒用的过氧化氢,浓度太大对皮肤具有腐蚀作用,浓度太小又无法起到消毒的作用,因此掌握好溶质、溶剂和溶液之间的数量关系,才能更好为生产生活服务。

在国家现行的有关标准中,溶剂用 A 表示,溶质用 B 表示。对于溶液的组成,可用不同的方法表示。溶液组成的表示方法主要有以下几种。

1. 物质的量浓度

用单位体积溶液里所含溶质 B 的物质的量来表示溶液的浓度,符号为 c 表示,常见单位为 mol/L、mmol/L 等。这种表示方法在实验室或工业中被广泛地使用。

2. 质量分数

溶液中溶质 B 的质量(m_B)与溶液质量(m)之比叫溶质的质量分数(ω)。如:质量分数是 0.9% 的氯化钠溶液,表示 100 g 氯化钠溶液里含有氯化钠 0.9 g,也可以用百分数表示,即 $\omega(NaCl)=0.9\%$。

3. 质量浓度

用 1 L 溶液里所含溶质的质量(g)来表示的溶液浓度,叫作质量浓度。例如,在某椰汁的配料表中,碳水化合物含量为 0.7 g/L,即每 1 升椰汁含蛋白质 0.7 g。电镀工业中配制电镀液常采用质量浓度。

4. 体积分数

用溶质(液态)的体积占全部溶液体积的分数来表示的浓度,叫作体积分数。如:体积分数是 58% 的乙醇溶液,表示 100 mL 溶液里含有乙醇 58 mL。乙醇的体积分数是商业上表示酒类浓度的方法。白酒、啤酒等酒类的"度"(以°标示),就是指酒精的体积分数。例如:58% 的酒写成 58°。

5. 体积比浓度

用两种液体配制溶液时,为了操作方便,有时用两种液体的体积比表示浓度,叫作体积比浓度。例如,配制王水(1∶3),就是指 1 体积浓硝酸(68%)跟 3 体积的浓盐酸(36.5%)配成的溶液。

6. 质量摩尔浓度

溶质 B 的质量摩尔浓度(m_B)用溶液中溶质 B 的物质的量除以溶剂的质量来表示。它用 SI 单位表示为摩尔每千克(mol/kg)。质量摩尔浓度常用来研究难挥发的非电解质稀溶液的性质,如:蒸气压下降、沸点上升、凝固点下降和渗透压。

练习题

一、选择题

1. 阿伏伽德罗常数（N_A）大约等于（　　）。
   A. $6.02×10^{22}$ mol^{-1}　　　　　　　　B. $6.02×10^{23}$ mol^{-1}
   C. $6.02×10^{24}$ mol^{-1}　　　　　　　　D. $6.02×10^{25}$ mol^{-1}

2. 下列不是国际单位制（SI）的基本单位的是（　　）。
   A. 米（m）　　　B. 千克（kg）　　　C. 摩尔（mol）　　　D. 克（g）

3. 1 mol 任何物质所含的粒子数目等于（　　）。
   A. 阿伏伽德罗常数　　　　　　　B. 物质的量浓度
   C. 气体摩尔体积　　　　　　　　D. 摩尔质量

4. 在标准状况下，1 mol 气体的体积约为（　　）升。
   A. 11.2　　　B. 22.4　　　C. 44.8　　　D. 67.2

5. 下列关于摩尔质量的描述，正确的是（　　）。
   A. 摩尔质量等于物质的质量除以它的物质的量。
   B. 摩尔质量的数值等于物质的相对原子或分子质量。
   C. 摩尔质量与物质的量成正比。
   D. 摩尔质量不受温度和压力的影响。

6. 配制一定物质的量浓度溶液时，不需要使用的仪器是（　　）。
   A. 容量瓶　　　B. 天平　　　C. 玻璃棒　　　D. 温度计

7. 在化学方程式中，各物质之间的数量关系直接反映了（　　）。
   A. 各物质的质量比　　　　　　　B. 各物质的物质的量比
   C. 各物质的体积比　　　　　　　D. 各物质的能量变化

8. 对于 $H_2(g) + Cl_2(g) = 2HCl(g)$，若生成了 2 mol HCl，则消耗了的 H_2 是（　　）mol。
   A. 1　　　B. 2　　　C. 3　　　D. 4

9. 下列表示方法不是用来表达溶液组成的是（　　）。
   A. 物质的量浓度　　　　　　　B. 质量分数
   C. 体积比浓度　　　　　　　　D. 密度

10. 如果要将 10 mL 6 mol/L 氯化钠溶液加水稀释成 100 mL 溶液，所得溶液的物质的量浓度为（　　）。
    A. 0.6 mol/L　　　B. 1.2 mol/L　　　C. 6 mol/L　　　D. 0.06 mol/L

二、判断题

1. 阿伏伽德罗常数的值是通过科学的方法测定出来的。（　　）

2. 1 mol 不同物质的体积一定是相同的。（　　）

3. 摩尔质量的单位可以是 g/mol 或者 kg/mol。（　　）

4. 物质的量浓度(c)的计算公式为 $c=n/V$，其中 n 表示溶质的物质的量，V 表示溶液的体积。（　　）

5. 往某溶液中加水进行稀释，溶液中溶质的物质的量会减少。（　　）

6. 标准状况下的气体摩尔体积 V_m＝22.4 L/mol 适用于所有条件下的气体。（　　）

7. 在化学反应中，反应物和生成物之间存在一定的数量关系，这可以通过化学计量数来体现。（　　）

8. 1 mol 氢气(H_2)和 1 mol 氧气(O_2)在相同条件下具有不同的体积。（　　）

9. 配制一定物质的量浓度的溶液时，需要考虑溶质的质量、溶液体积以及溶质的摩尔质量。（　　）

10. 溶液的质量分数是指溶质的质量占整个溶液质量的比例。（　　）

第二节　弱电解质的电离平衡

学习目标

1. 了解电解质的电离弱电解质的电离平衡。
2. 了解弱电解质的电离平衡及电离常数的意义。
3. 根据电解质的类别书写电解质的电离方程式

看一看

铅酸蓄电池 　　　双氧水 　　　含电解质的饮料

想一想

1. 为什么用湿的手打开电器开关，更容易发生触电行为？
2. 电解水时为什么要往水中滴加硫酸？

很多化学反应都是在水溶液中进行的，水溶液中参与反应的物质主要是电解质，例如碱溶液中的氢氧化钠可用于处理有毒气体 SO_2。因此有必要研究电解质及其溶液的性质和溶液中反应的特点，以便更好地服务人类社会，促进人类与环境可持续化发展。

一、电解质

在水溶液中或熔融状态下能够导电的化合物叫作电解质,例如氯化钠、硫酸、氢氧化钠等。在水溶液中或熔融状态下不能导电的化合物叫作非电解质,例如酒精、蔗糖等。

酸、碱、盐都是电解质,它们在水溶液中能导电,是因为电解质在水中受水分子的吸引,离子脱离晶体表面进入溶液成为自由移动的离子,因此电解质溶液中有大量自由移动的阴离子和阳离子。有些电解质在熔融状态下也能产生自由移动的离子,化学上将电解质在水中或熔融状态下形成自由移动离子的过程叫作电离。自由移动的离子在电流的作用下定向移动而导电。

离子化合物中含有阴离子和阳离子,当离子化合物在水中受水分子的吸引时,阴离子和阳离子脱离物质表面进入水中。实验证明绝大多数盐类和强碱都是离子化合物,它们在水中是以离子形式存在,没有分子形式。

一些具有强极性键的共价化合物,如液态氯化氢只含有氯化氢分子,没有离子。但当氯化氢溶于水时,在水分子的作用下,也能够电离出自由移动的 H^+ 和 Cl^-。其他的强酸如硫酸、硝酸等也与氯化氢一样,它们在水溶液中也能产 H^+ 与酸根离子。

一些极性较弱的共价化合物,如醋酸(CH_3COOH)、氨水等溶解于水时,虽然同样受水分子的作用,却只有一部分分子电离成离子,因此在这类电解质溶液中,既有离子存在,又有电解质的分子存在,所以导电能力较弱。

> **思考**
> 1. 难溶于水的电解质一定是弱电解质,这种说法是否正确?
> 2. 二氧化碳的水溶液也可以导电,二氧化碳也是电解质,这种说法是否正确?

二、强电解质和弱电解质

不同的电解质在水中的电离程度不同,不同浓度的电解质溶液中自由移动离子的数量也不同,因此导电能力也有所不同。浓度均是 1 mol/L、体积均是 100 mL 的几种电解质溶液的导电能力比较实验如图3-4所示。

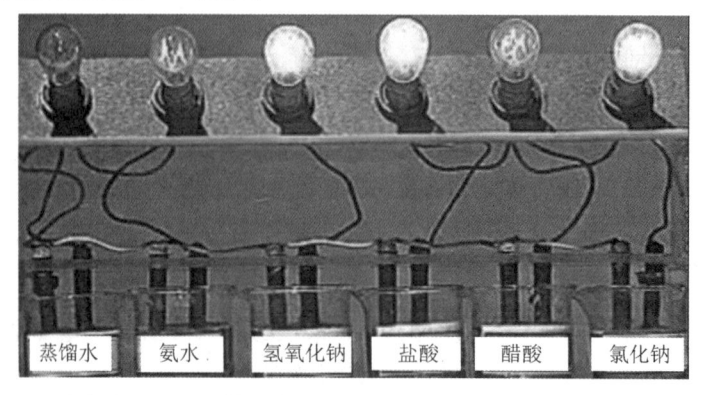

图3-4 浓度为 1 mol/L、体积为 100 mL 的几种电解质溶液导电能力的比较

实验结果显示,物质的量浓度相同时,连接在氢氧化钠溶液、盐酸溶液和氯化钠溶液的灯泡较亮,而连接在氨水和醋酸溶液的灯泡较暗,这说明相同浓度和体积的不同酸、碱、盐溶液在相同条件下的导电能力不同。连接在蒸馏水的灯泡亮度最暗,这说明蒸馏水的导电能力最弱。产生上述现象的原因是由于电解质在水中的电离程度不同。根据电解质在水溶液中的电离程度不同,将电解质分为强电解质和弱电解质。

在溶液中或在熔融状态下,能完全电离成离子的电解质,叫作强电解质。

如:氯化氢、硫酸、氢氧化钠、氯化钠等。强电解质的电离用"$=\!=\!=$"表示完全电离成离子。如:

$$HCl =\!=\!= H^+ + Cl^-$$
$$H_2SO_4 =\!=\!= 2H^+ + SO_4^{2-}$$
$$NaCl =\!=\!= Na^+ + Cl^-$$
$$NaOH =\!=\!= Na^+ + OH^-$$

在水溶液中只能部分电离成离子的电解质叫作弱电解质。如 CH_3COOH(或 HAc)、$NH_3 \cdot H_2O$ 等,弱电解质在水溶液中只有少部分电离成离子,大部分仍以分子形式存在,通常用"$\rightleftharpoons$"表示弱电解质的电离。例如:

$$CH_3COOH \rightleftharpoons CH_3COO^- + H^+ \text{(或 } HAc \rightleftharpoons H^+ + Ac^-\text{)}$$
$$NH_3 \cdot H_2O \rightleftharpoons NH_4^+ + OH^-$$

弱酸(如碳酸等)、弱碱(如氨水等)都是弱电解质,水是极弱的电解质。

思考
1. 从 HCO_3^- 角度思考,碳酸的电离方程式是什么?
2. 碳酸氢钠的电离方程式是什么?

三、弱电解质的电离平衡

弱电解质溶于水时,在水分子的作用下,弱电解质分子电离出阴离子与阳离子,而阴离子与阳离子又会相互吸引重新结合成分子。因此,弱电解质的电离过程和分子的形成是两个相反的过程。

在一定条件(如温度、浓度)下,当电解质分子电离成离子的速率和离子重新结合生成分子的速率相等时,电离过程就达到了平衡状态,这叫作电离平衡。例如,在 HAc 溶液中,只有一部分 HAc 分子发生电离,在溶液中,既有 H^+ 和 Ac^-,又有 HAc 分子,溶液中存在着电离平衡(如图 3-5 所示)。它们的电离方程式可表示如下:

图 3-5 乙酸溶液中的微粒

$$HAc \rightleftharpoons H^+ + Ac^-$$

电离平衡与化学平衡一样,是一种动态平衡。平衡时,单位时间内电离的电解质分子数和阴离子与阳离子重新结合生成的电解质分子数相等,即在溶液中离子的浓度和电解质分子的浓度都保持不变。此时的电离平衡对应的常数叫作电离平衡常数,又叫作电离常数,用符号 K_i 表示。

弱酸的电离常数也用 K_a 表示,例如醋酸:

$$HAc \rightleftharpoons H^+ + Ac^-$$

$$K_a = \frac{c(H^+)c(Ac^-)}{c(HAc)}$$

弱碱的电离常数也用 K_b 表示。

$$NH_3 \cdot H_2O \rightleftharpoons NH_4^+ + OH^-$$

$$K_b = \frac{c(NH_4^+)c(OH^-)}{c(NH_3 \cdot H_2O)}$$

不同的弱电解质的性质不同,因此电离常数不同,相同条件下(温度)时,电离常数越大,说明电离的程度越大,对应酸或碱的强度就越大,例如 $K(HCOOH)$ 大于 $K(HAc)$(见表3-2),说明甲酸是比乙酸强的酸。

表3-2 部分弱电解质的电离常数(25 ℃)

电解质	电离常数	电解质	电离常数
甲酸	$K(HCOOH) = 1.77 \times 10^{-4}$	一水合氨	$K(NH_3 \cdot H_2O) = 1.8 \times 10^{-5}$
氢氟酸	$K(HF) = 7.2 \times 10^{-4}$	次氯酸	$K(HClO) = 2.98 \times 10^{-8}$
醋酸	$K(HAc) = 1.8 \times 10^{-5}$	氢氰酸	$K(HCN) = 4.9 \times 10^{-10}$

你知道吗?

弱电解质的电离平衡与化学平衡一样,受外界条件的影响。弱电解质的电离是吸热过程,温度升高,有助于电离的发生,因此弱电解质的电离常数随温度升高而增大;当溶液中的离子浓度发生变化时,电离平衡也会发生移动。

练习题

一、选择题

1. 电解质在水溶液中导电的原因是( )。
   A. 分子之间的相互碰撞　　　　　　　B. 水分子的极性
   C. 自由移动离子的存在　　　　　　　D. 温度的变化
2. 关于强电解质和弱电解质,下列说法正确的是( )。
   A. 强电解质在水中只能部分电离成离子

B. 弱电解质在水中完全电离成离子
C. 强电解质的电离用"⇌"表示
D. 弱电解质的电离用"⇌"表示

3. 下列物质在水溶液中属于弱电解质的是（　　）。

A. NaCl
B. HCl
C. CH_3COOH
D. NaOH

二、判断题

1. 难溶于水的电解质一定是弱电解质。（　　）
2. 二氧化碳的水溶液可以导电，因此二氧化碳是电解质。（　　）
3. 弱电解质的电离是一个吸热过程，温度升高有助于电离的发生。（　　）

第三节　水的离子积和溶液的 pH

学习目标

1. 了解水的电离平衡及水的离子积；
2. 理解溶液的酸碱性与 pH 的关系；
3. 掌握酸碱指示剂及溶液 pH 测定的方法。
4. 了解溶液的 pH 调控在生产生活中的应用。

看一看

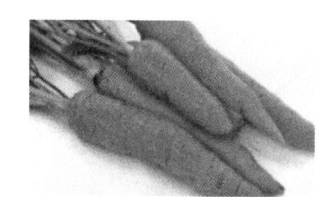

胡萝卜 　　　　　　　紫甘蓝 　　　　　　　绣球花

自然界中可以做酸碱指示剂的物质

想一想

1. 绣球花的颜色与种植的土壤有关系，土壤的什么性质影响绣球花的颜色？
2. 中国是第一个养蚕的国家，桑树不仅可以养蚕，还可以长出桑葚，若衣服被桑葚染色，可立即用食醋浸泡，你知道为什么吗？

一、水的电离及离子积

水是极弱的电解质,电离程度很小,产生了极少量的 H^+ 和 OH^-,水的电离过程如图 3-6 所示。

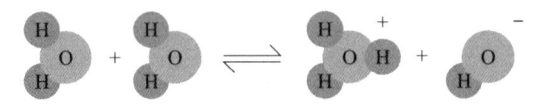

图 3-6 水的电离平衡示意图

水的电离方程式为:

$$H_2O \rightleftharpoons H^+ + OH^-$$

实验测得,25 ℃时纯水中 $c(H^+)$ 和 $c(OH^-)$ 的浓度都约为 $1.0×10^{-7}$ mol/L,水中 $c(H^+)$ 与 $c(OH^-)$ 的乘积叫作水的离子积常数,简称水的离子积,用符号 K_w 表示。

25 ℃时,$K_w=c(H^+)c(OH^-)=1×10^{-7}×1.0×10^{-7}=1.0×10^{-14}$。

和其他弱电解质一样,水的电离是一个吸热过程,因此温度升高时水的电离程度增大,水的离子积随之增大(见表 3-3)。但是在室温附近,水的离子积变化不太,一般认为 $K_w=1.0×10^{-14}$。

表 3-3 不同温度下水的离子积

温度	水的离子积	温度	水的离子积
25 ℃	$K_w=1.0×10^{-14}$	75 ℃	$K_w=2.0×10^{-13}$
50 ℃	$K_w=5.4×10^{-14}$	100 ℃	$K_w=5.5×10^{-13}$

二、溶液的酸碱性及 pH

大量的实验证明,水的离子积不仅适用于纯水,也适用于以水为溶剂的酸、碱、盐的稀溶液中,也就是常温下,纯水及酸、碱、盐的稀溶液中 $K_w=1.0×10^{-14}$。

不同溶液中 $c(H^+)$ 与 $c(OH^-)$ 浓度的大小不同,这也决定了溶液的酸碱性。

常温下,$c(H^+)>1.0×10^{-7}$ mol/L $c(H^+)>c(OH^-)$,溶液呈酸性;
$c(H^+)=1.0×10^{-7}$ mol/L $c(H^+)=c(OH^-)$,溶液呈中性;
$c(H^+)<1.0×10^{-7}$ mol/L $c(H^+)<c(OH^-)$,溶液呈碱性。

在生产生活中,$c(H^+)$ 的数值通常较小,为了方便表示溶液的酸碱性,化学上通常采用 $c(H^+)$ 的负对数,这个数值叫作溶液的 pH。

$$pH=-\lg c(H^+)$$

在工业生产中,$c(H^+)$ 或 $c(OH^-)$ 大于 1 mol/L 时,一般直接用离子浓度表示溶液酸碱性。常温下,pH 的范围是 0~14,溶液酸碱性与溶液 pH 两者的关系如图 3-7 所示。

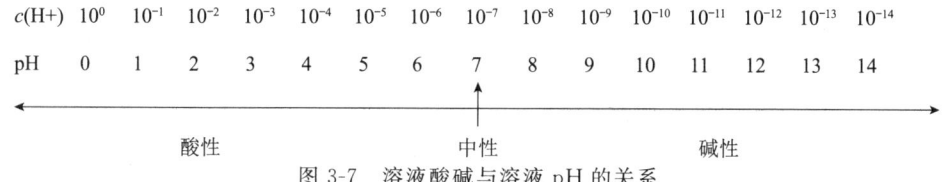

第三章 溶液与水溶液中的离子反应

$c(H^+)$	10^0	10^{-1}	10^{-2}	10^{-3}	10^{-4}	10^{-5}	10^{-6}	10^{-7}	10^{-8}	10^{-9}	10^{-10}	10^{-11}	10^{-12}	10^{-13}	10^{-14}
pH	0	1	2	3	4	5	6	7	8	9	10	11	12	13	14

酸性　　　　　　　　　　　中性　　　　　　　　　　碱性

图 3-7　溶液酸碱与溶液 pH 的关系

可见 $c(H^+)$ 越大，溶液的酸性越强，溶液的 pH 越小；$c(OH^-)$ 越大，溶液碱性越强，溶液的 pH 越大。pH 相差 1，$c(H^+)$ 就相差 10 倍。

你知道吗？

人体与溶液

人体内水的含量约 60%～70%。例如唾液、胃液、血液等。胃液是维持胃部正常循环的一种液体，主要的成分是盐酸，胃液的 pH 为 0.9～1.8，具有较强的酸性，可以对进入到胃肠中的细菌和真菌进行抑制和杀除，还能够促进胃蛋白酶的合成以及发挥功效。

血液是流动在人的血管和心脏中的黏稠液体，具有运输营养、调节人体温度、防御炎症、调节人体渗透压和酸碱平衡四个功能。血液的 pH 为 7.35～7.45，若血液 pH<7.35 时，人体出现酸中毒；pH>7.45，人体出现碱中毒，当 pH 偏差大于正常值 0.4 个单位时，血液的酸碱平衡受破坏，严重时会危害生命。预防酸中毒与碱中毒可以从控制食物的来源入手，肉类、鱼类等属于酸性食品；蔬菜、豆类等属于碱性食品。所以，长期爱吃肉食的人，要经常吃些蔬菜、水果等；爱吃素的人，也要适当吃一些肉类食品。

测定溶液 pH 有很多种方法，可以根据 pH 测定要求的精度进行选择。

当对 pH 的测定要求是一个大概范围时，可以采用酸碱指示剂测定溶液的 pH。常见的酸碱指示剂有石蕊、酚酞、甲基橙等（变色范围如图 3-9 所示）。

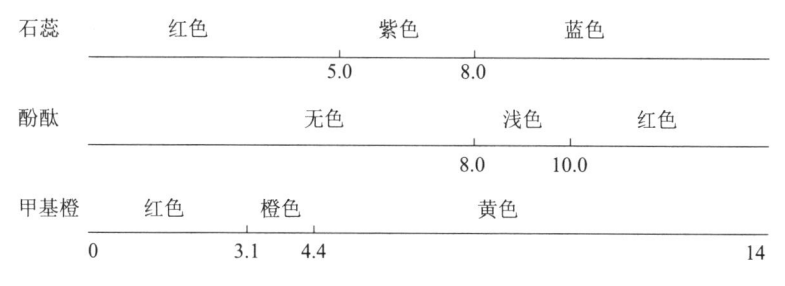

石蕊	红色		紫色		蓝色	
		5.0		8.0		
酚酞	无色			浅色		红色
				8.0	10.0	
甲基橙	红色	橙色		黄色		
0	3.1	4.4				14

图 3-9　几种常见酸碱指示剂及变色范围

当 pH 的测定要求精度不太高时，可以采用 pH 试纸测定溶液的 pH。使用 pH 试纸测定 pH 时，把待测溶液滴在 pH 试纸上，然后把试纸显示的颜色跟标准比色卡对照，便可知道溶液的大致 pH（pH 试纸使用方法见图 3-9 左）。当 pH 的测定要求精确测定时，可以采用 pH 检测笔、pH 计（如图 3-9 右所示）进行测定。

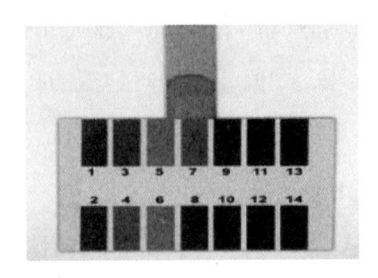

图 3-9 pH 试纸和 pH 计

你知道吗？

洗发水的 pH

人的头皮的 pH 正常范围是 4.5～6.5，由于头皮表面有人体分泌的油脂，因此头皮的 pH 不断地在改变，为了保持头皮健康与清洁，现行洗发水、洗发露的国家标准 GB/T 29679—2013 规定，在常温下成人产品洗发水的 pH 为 4.0～9.0。

洗发水、洗发露国家标准 GB/T 29679—2013 部分内容

理化指标	pH(25 ℃)	成人产品：4.0～9.0 (含 α-羟基酸、β-羟基酸产品 可按企标执行) 儿童产品：4.0～8.0	4.0～10.0 (含 α-羟基酸、β-羟基酸产品 可按企标执行)

国家标准 GB13531.1—2008 规定洗发水 pH 的质量检测时，测定 pH 采用的是 pH 计。其中直接法测定步骤如下：

将适量包装容器中的试样放入烧杯中或将小包装试样去盖后，调节至规定温度，待用。按仪器使用说明校正 pH 计。选择两个标准缓冲溶液(4.2)，在所规定温度下校正，或在温度补偿系统下进行校正。再将电极、洗涤用水和标准缓冲溶液的温度调至规定温度，彼此间温度越接近越好，或同时调节至室温校正。最后用水(4.1)冲洗电极，然后用滤纸吸干。将电极小心插入试样中，使电极浸没，待 pH 计读数稳定，记录读数。读毕，彻底清洗电极。

练习题

一、选择题

1. 25 ℃时，水的离子积常数(K_w)是（　　）。
   A. 1.0×10^{-7}　　　　　　　　　　B. 1.0×10^{-14}
   C. 5.4×10^{-14}　　　　　　　　　　D. 2.0×10^{-13}

2.下列关于溶液酸碱性的描述,正确的是(　　)。

A. 当 $c(H^+)=1.0×10^{-7}$ mol/L 时,溶液呈酸性

B. 当 $c(H^+)<c(OH^-)$,即 $c(H^+)<1.0×10^{-7}$ mol/L 时,溶液呈碱性

C. 当 $c(H^+)>1.0×10^{-7}$ mol/L 时,溶液呈中性

D. 当 $c(H^+)=c(OH^-)$,且两者浓度都等于 $1.0×10^{-7}$ mol/L 时,溶液呈碱性

3.当使用 pH 试纸测定溶液 pH 时,以下说法最准确的是(　　)。

A. pH 试纸可以提供非常精确的 pH 数值

B. pH 试纸的颜色变化可以直接读出具体的 pH 数值

C. pH 试纸适合用于需要大概范围的 pH 测量

D. pH 试纸适用于所有类型的溶液,包括浓酸和浓碱

二、判断题

1.水的电离过程是一个吸热过程,因此温度升高会促进水的电离,使水的离子积增大。
(　　)

2.在25℃时,任何以水为溶剂的酸、碱、盐稀溶液中的水的离子积(K_w)都等于 $1.0×10^{-14}$。
(　　)

3.如果一个溶液的 pH 为7,则该溶液一定是纯水。(　　)

第四节　离子反应和离子方程式

学习目标

1. 了解离子反应及其发生条件。
2. 了解离子方程式的书写方法。

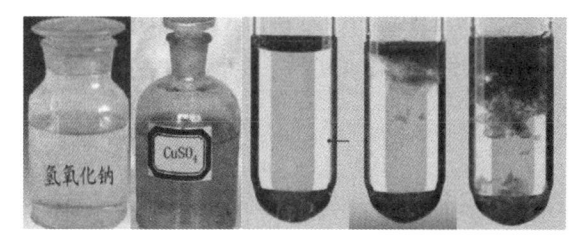

看一看

向硫酸铜溶液中滴加氢氧化钠溶液

想一想

在硫酸铜与氢氧化钠反应中,是不是所有离子都参与了反应,用什么方法可检验呢?

一、离子反应

电解质溶于水后,受水分子的吸引,形成了可自由移动的离子,因此溶液中的反应实际上是离子之间的反应。化学上把凡是有离子参加的化学反应叫作离子反应,例如硫酸铜与氢氧化钠的反应。

我们把用实际参加反应的离子的符号和化学式来表示离子反应的式子叫离子方程式。离子方程式的书写主要包括"写""拆""删""查"四个步骤,下面以硝酸银和氯化钠反应为例。

① 写:写出反应的化学方程式。

$$AgNO_3 + NaCl = AgCl\downarrow + NaNO_3$$

② 拆:把易溶于水的强电解质写成离子形式,难溶物质、难电离物质和易挥发物质等仍用化学式表示。

$$Ag^+ + NO_3^- + Na^+ + Cl^- = AgCl\downarrow + NO_3^- + Na^+$$

③ 删:删去方程式两边相同数目的离子并且系数最简化。

$$Ag^+ + Cl^- = AgCl\downarrow$$

④ 查:检查两边原子个数和电荷总数是否相等。

二、离子反应的条件

不是任意两种电解质溶液都可以发生离子反应,当生成物中有难溶物质、难电离物质或者易挥发物质三者其中之一时,离子反应才能进行。

① 生成难溶物质,如:

$$CuSO_4 + BaCl_2 = BaSO_4\downarrow + CuCl_2$$

(离子方程式:$SO_4^{2-} + Ba^{2+} = BaSO_4\downarrow$)

② 生成难电离物质,如:

$$NaOH + HCl = NaCl + H_2O$$

(离子方程式:$OH^- + H^+ = H_2O$)

③ 生成易挥发物质,如:

$$Zn + 2HCl = ZnCl_2 + H_2\uparrow$$

(离子方程式:$Zn + 2H^+ = Zn^{2+} + H_2\uparrow$)

> **思考**
>
> 热水壶用久了后,容易在底部形成一层水垢,可以用醋浸泡一段时间来除去这层水垢,你知道为什么吗?

你知道吗?

生产生活中的离子反应

电解质溶液中含有大量的离子,因此很多反应都是离子反应,离子反应在工业生产中有着重要的应用。

1. 电镀工业中,为了使镀层更加均匀和牢固,电镀前用含镀层金属阳离子的溶液作电镀液,以保持镀层金属阳离子的浓度不变。

2. 水中钙镁离子测定前,需要在溶液中加入掩蔽剂进行掩蔽,以排除铁、铝等离子对测定的干扰。

3. 农业生产中,铵态氮肥水解呈酸性,草木灰的主要成分碳酸钾水解呈碱性,因此铵态氮肥与草木灰二者不能混合使用,否则肥效会降低。

4. 农业生产中,若土壤的酸性较强,可以施用碱石灰来缓解土壤的碱性。

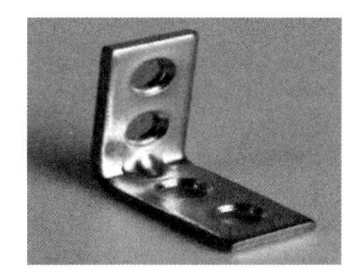

练习题

一、选择题

1. 在离子反应中,通常不会被拆分成离子形式的是(　　)。
   A. 硫酸　　　　　　　　　　B. 碳酸钙
   C. 氢氧化钾　　　　　　　　D. 氯化钠

2. 对于硝酸银($AgNO_3$)和氯化钠(NaCl)的反应,正确的离子方程式是(　　)。
   A. $Ag^+ + NO_3^- + Na^+ + Cl^- == AgCl\downarrow + NaNO_3$
   B. $Ag^+ + Cl^- == AgCl\downarrow$
   C. $AgNO_3 + NaCl == AgCl\downarrow + Na^+ + NO_3^-$
   D. $Ag^+ + NO_3^- + Na^+ + Cl^- == AgCl\downarrow + NO_3^- + Na^+$

3. 以下选项不是离子反应发生的条件的是(　　)。
   A. 生成难溶物质　　　　　　B. 生成难电离物质
   C. 生成易挥发物质　　　　　D. 反应物均为强电解质且完全电离

二、判断题

1. 在硫酸铜与氢氧化钠的反应中,并非所有离子都参与了实际的化学变化。(　　)

2. 书写离子方程式时,"拆"这一步骤指的是将所有的反应物和生成物都写成离子形式。(　　)

3. 只要两种电解质溶液混合,就一定会发生离子反应。(　　)

第五节 盐类的水解

学习目标

1. 认识强酸弱碱盐和强碱弱酸盐水解的原理。
2. 了解可溶性盐水解的实质和规律。
3. 知道影响盐类水解的主要因素。

看一看

碳酸钠的清洁作用

想一想

碳酸钠可以用于清除油污,为什么呢?

一、盐的类型

酸和碱发生中和反应生成盐和水,根据形成盐的酸和碱的强度,可以将盐分成不同的四种类型,例如:

$$HCl + NaOH = NaCl + H_2O$$
强酸　强碱　　强酸强碱盐

像 NaCl 这样由强酸与强碱反应生成的盐叫作强酸强碱盐。
像 NH_4Cl 这样由强酸和弱碱反应生成的盐叫作强酸弱碱盐。
像 Na_2CO_3 这样由强碱和弱酸反应生成的盐叫作强碱弱酸盐。
像 NH_4Ac 这样由弱酸和弱碱反应生成的盐叫作弱酸弱碱盐。

思考
　　根据盐的四个类型,你能分别列出几种物质吗?

二、盐的水解

【演示实验 3-1】

取少量的 NH_4Cl、$NaCl$、Na_2CO_3 晶体分别放入 3 支盛有少量蒸馏水的试管中,振荡试管,使之溶解,然后用 pH 试纸分别测定其酸碱性。实验结果如下:

溶液	NH_4Cl	$NaCl$	Na_2CO_3
pH			
酸碱性			
盐的类型			

由实验结果可以看出,不同类型的盐溶液的酸碱性不同,盐溶液有的显酸性,有的显碱性,还有的显中性。盐溶液的酸碱性与盐的类型有关,强碱弱酸盐的溶液显碱性,强酸弱碱盐的溶液显酸性。这是由于盐在溶液中,组成盐的离子能与水解离出来的少量的 H^+ 或 OH^- 发生反应生成弱电解质,使溶液中 H^+ 和 OH^- 的浓度不再相等,因而盐溶液呈现出一定的酸碱性。

盐的离子与水电离出的 H^+ 或 OH^- 结合生成弱电解质的反应,叫作盐类的水解。

1. 强酸弱碱盐的水解

强酸弱碱盐在水中电离出自由移动的离子,例如 NH_4Cl 在水中电离出 NH_4^+ 和 Cl^-。NH_4^+ 与水电离出 OH^- 作用生成弱电解质 $NH_3 \cdot H_2O$,消耗了溶液中 OH^-(使水的电离平衡向右移动),最终导致溶液中 $c(H^+) > c(OH^-)$,从而使溶液显酸性。NH_4Cl 在溶液中的水解方程式如下:

$$NH_4^+ + H_2O \rightleftharpoons NH_3 \cdot H_2O + H^+$$

明矾的化学式为 $KAl(SO_4)_2 \cdot 12H_2O$,当明矾溶于水后,明矾电离产生了 K^+、Al^{3+} 和 SO_4^{2-},其中 Al^{3+} 与水电离出的 OH^- 作用生成弱电解质 $Al(OH)_3$。$Al(OH)_3$ 是一种白色胶状物质,能吸附水中悬浮的杂质并形成沉淀,使水澄清,起到净化水的作用。但是过多摄入 Al^{3+} 对人体有害,长期饮用明矾净化的水,会导致脑萎缩,可能会引起阿尔茨海默病。因此,目前已不用明矾作饮用水的净水剂。

你知道吗?

泡沫灭火器的原理

泡沫灭火器瓶内装的是饱和硫酸铝溶液和碳酸氢钠溶液。其工作原理是通过内部的硫酸铝和碳酸氢钠溶液混合产生化学反应生成氢氧化铝和二氧化碳的泡沫混合液,这些泡沫混合液黏附在可燃物上,利用泡沫的冷却和窒息作用达到灭火目的。具体的反应原理如下:

$$Al^{3+} + 3H_2O \rightleftharpoons Al(OH)_3 + 3H^+$$

$$HCO_3^- + H_2O \rightleftharpoons H_2CO_3 + OH^-$$

2. 强碱弱酸盐的水解

强碱弱酸盐在水中电离出自由移动的离子,例如 Na_2CO_3 在水中电离出 Na^+ 和 CO_3^{2-},CO_3^{2-} 与水电离出 H^+ 作用生成弱电解质 H_2CO_3,消耗了溶液中 H^+(使水的电离平衡向右移动),最终导致溶液中 $c(OH^-) > c(H^+)$,从而使溶液显碱性。Na_2CO_3 在溶液中的水解方程式如下:

$$CO_3^{2-} + 2H_2O \rightleftharpoons H_2CO_3 + 2OH^-$$

三、盐类水解的实质和规律

1. 盐类水解的实质

盐类水解的实质是在溶液中,盐的离子与水电离出来的 H^+ 和 OH^- 生成弱电解质,从而破坏水的电离平衡,使溶液显示出不同程度的酸、碱性。

2. 盐类水解的规律

由于水的电离程度小,因此产生的 H^+ 或 OH^- 少,因此盐类水解程度是很小的,而且是可逆的。盐类水解遵循以下规律:无弱不水解;越弱越水解,都弱都水解;谁强显谁性,同强显中性。

3. 盐类水解的离子方程式书写过程中应注意的事项:

① 由于盐类水解反应一般是可逆反应,故反应方程式中要写"$\rightleftharpoons$"号。

② 一般盐类水解的程度很小,水解产物的量也很少,通常不生成沉淀或气体,也不发生分解,在书写方程式时,一般不标"↑"或"↓",也不把生成物写成其分解产物的形式。

4. 盐类水解的影响因素

① 盐类的水解是个吸热过程,因此升高温度有利于盐类水解的进行。

② 盐类的水解反应是个可逆反应,在一定条件下,水解过程达到平衡时,改变外部条件,水解也会发生变化,变化规律与化学平衡的变化规律相同,例如配制硫酸铜溶液时,溶液中的 Cu^{2+} 与水电离出的 OH^- 生成弱电解质 $Cu(OH)_2$ 的水解方程式如下:

$$Cu^{2+} + 2H_2O \rightleftharpoons Cu(OH)_2 + 2H^+$$

可以看出硫酸铜水解后溶液呈酸性,因此在配制硫酸铜溶液时,为了防止硫酸铜水解,常往溶液中滴加几滴稀硫酸。

你知道吗?

盐水解在生活中的应用

明矾是常用的净水剂,它在水中电离出 Al^{3+},Al^{3+} 水解产生了具有吸附性的 $Al(OH)_3$,达到净水作用。被称为"绿色环保高效"的净水剂高铁酸钠,在水中得到 Fe^{3+},Fe^{3+} 水解产生了具有吸附性的 $Fe(OH)_3$。

练习题

一、选择题

1. 下列属于强酸弱碱盐的是（   ）。
   A. NaCl   B. NH_4Cl C. Na_2CO_3 D. NH_4Ac

2. 根据盐类水解的规律，以下描述正确的是（   ）。
   A. 强酸强碱盐水解后溶液呈酸性
   B. 强酸弱碱盐水解后溶液呈碱性
   C. 弱酸弱碱盐水解后溶液可能呈现酸性、碱性或中性
   D. 强碱弱酸盐水解后溶液不会改变其 pH

3. 在书写盐类水解的离子方程式时，以下做法不正确的是（   ）。
   A. 使用"⇌"表示可逆反应
   B. 对于少量生成的气体或沉淀，标上"↑"或"↓"
   C. 不把生成物写成其分解产物的形式
   D. 反应方程式中考虑到水解程度很小，一般不生成沉淀或气体

二、判断题

1. 明矾$[KAl(SO_4)_2·12H_2O]$溶于水后，其中的Al^{3+}与水电离出的OH^-作用生成弱电解质$Al(OH)_3$，用于净水过程中可以吸附水中悬浮杂质。（   ）

2. 盐类水解是指盐的离子与水电离出来的H^+或OH^-结合生成弱电解质的过程，此过程对水的电离平衡没有影响。（   ）

3. 配制硫酸铜溶液时，为防止Cu^{2+}水解，通常会向溶液中加入少量稀硫酸以抑制水解反应的发生。（   ）

第六节　学生实验：溶液的配制、稀释和 pH 的测定

学习目标

1. 掌握一定物质的量浓度溶液配制、稀释和 pH 测定的方法。
2. 养成细心观察、主动探索的学习态度和规范操作、精益求精的实验习惯。

一、一定物质的量浓度溶液配制

（一）实验用品

1. 实验仪器

烧杯(150 mL)、容量瓶(100 mL)、胶头滴管、量筒(10 mL)、玻璃棒、药匙、天平。

2. 实验药品

NaCl 固体、蒸馏水。

(二) 实验内容

配制 1 mol/L 的 NaCl 溶液 100 mL。

(三) 实验步骤

1. 计算

计算配制 100 mL 1 mol/1 NaCl 溶液所需 NaCl 固体的质量_____g。

2. 称量

根据计算结果,用天平称量所需的 NaCl 固体。

3. 溶解

把称好的 NaCl 固体放入烧杯中,再向烧杯中加入适量蒸馏水,用玻璃棒搅拌,使 NaCl 固体完全溶解。

4. 转移

将烧杯中的溶液沿玻璃棒转移至 100 mL 容量瓶中。

5. 洗涤

用适量蒸馏水洗涤烧杯和玻璃棒 2~3 次,洗涤液应全部转入容量瓶中。加蒸馏水至容量瓶容积 3/4 时,轻轻摇动容量瓶,使溶液初步混匀。

6. 定容

继续向容量瓶中加入蒸馏水,直到溶液液面接近刻度下约 1~2 cm 时,改用胶头滴管加蒸馏水,直到溶液的凹液面最低点与刻度线相切。

7. 摇匀

盖好容量瓶的瓶塞,用左手食指按住瓶塞,拿住瓶颈标线以上部分,右手指尖托住瓶底边缘(手心不要接触瓶底)。将容量瓶倒置,待气泡全部上移后,同时将容量瓶旋摇数次,混匀溶液。将容量瓶直立,让溶液完全流下至标线处,反复此操作 10 次以上,使溶液充分混匀,转移至试剂瓶,贴好标签。

> **思考**
> 1. 转移溶液入容量瓶后还要洗涤烧杯 2~3 次,若未进行洗涤,则配得的溶液其物质的量浓度偏大还是偏小?
> 2. 摇匀后将容量瓶放在桌面上,发现溶液凹液面的最低处低于刻度线,能不能再加入蒸馏水?

二、溶液的稀释

(一) 实验用品

1. 实验仪器

烧杯(100 mL)、容量瓶(100 mL)、胶头滴管、量筒(10 mL、50 mL)、玻璃棒。

2. 实验药品

浓盐酸、蒸馏水。

(二) 实验内容

配制 1 mol/L 的盐酸溶液 100 mL。

(三) 实验步骤

1. 计算

根据稀释公式，计算配制 100 ml 1 mol/L HCl 溶液,需浓盐酸_____mL。

2. 量取

根据计算结果,用_____ml 量筒量取所需的浓盐酸的体积。

3. 稀释

将所量取的浓盐酸沿着烧杯内壁缓慢地倒入盛有少量蒸馏水的烧杯中,边倒边搅拌。

4. 转移

将烧杯中的溶液沿玻璃棒转移至 100 mL 容量瓶中。

5. 洗涤

用适量蒸馏水洗涤烧杯和玻璃棒 2~3 次,洗涤液应全部转入容量瓶中。加蒸馏水至容量瓶容积 3/4 时,轻轻摇动容量瓶,使溶液初步混匀。

6. 定容

继续向容量瓶中加入蒸馏水,直到溶液液面接近刻度下约 1~2 cm 时,改用胶头滴管加蒸馏水,直到溶液的凹液面最低点与刻度线相切。

7. 摇匀

盖好容量瓶的瓶塞,用左手食指按住瓶塞,拿住瓶颈标线以上部分,右手指尖托住瓶底边缘(手心不要接触瓶底)。将容量瓶倒置,待气泡全部上移后,同时将容量瓶旋摇数次,混匀溶液。将容量瓶直立,让溶液完全流下至标线处,反复此操作 10 次以上,使溶液充分混匀,转移至试剂瓶,贴好标签。

> **思考**
> 酸换成浓硫酸,哪个步骤需要注意安全？应如何操作？

三、溶液 pH 的测定

(一) 实验用品

1. 实验仪器

pH 试纸。

2. 实验药品

0.1 mol/L HCl、0.1 mol/L HAc、0.1 mol/L $NH_3 \cdot H_2O$、0.1 mol/L NaOH、0.1 mol/L NH_4Cl、0.1 mol/L NaAc、0.1 mol/L NaCl 和其他生活中常见物质。

(二)实验内容

溶液 pH 的测定。

(三)实验步骤

1. 取 0.1 mol/L HCl 一滴,滴到 pH 试纸上,记录其 pH=_____;

取 0.1 mol/L HAc 一滴,滴到 pH 试纸上,记录其 pH=_____。

由实验结果可知:相同浓度时,盐酸的酸性比乙酸的酸性_____。

2. 取 0.1 mol/L $NH_3 \cdot H_2O$ 一滴,滴到 pH 试纸上,记录其 pH=_____;

取 0.1 mol/L NaOH 一滴,滴到 pH 试纸上,记录其 pH=_____。

由实验结果可知:相同浓度时,氨水的碱性比氢氧化钠的碱性_____。

3. 用 pH 试纸测定 0.1 mol/l 下列溶液的 pH:NaCl、NH_4Cl、NaAc。

将溶液按酸性由强到弱排序:_____。

解释各种盐溶液的 pH 不同的原因:_____。

选取自来水、矿泉水、茶水、果汁、肥皂水、米醋等生活中常见物质作为样品,用 pH 试纸测定其 pH,了解生活中常见物质的酸碱性。

练习题

一、选择题

1. 使用容量瓶之前一定先进行( )。

A. 干燥 B. 润湿

C. 试漏 D. 高温消毒

2. 在使用 pH 试纸时,下列做法错误的是( )。

A. 玻璃棒应先润湿

B. 用镊子夹取 pH 试纸

C. 滴完待测液后立即与比色卡对比

D. pH 试纸必须是干燥的

3. 实验室废酸废碱处理方法为( )。

A. 直接排入下水道 B. 加入吸附剂吸附有害物

C. 分类收集后利用 D. 经中和后用大量水稀释排入下水道

二、判断题

1. 称取氢氧化钠固体时,可以直接用称量纸进行称量。(   )

2. 在转移溶液时,烧杯内的溶液可以直接靠着容量瓶口注入容量瓶。(   )

3. 配制硫酸、盐酸和硝酸溶液时都应在搅拌条件下将酸缓慢注入水中。(   )

4. 浓盐酸稀释时无需在通风橱内进行。(   )

本章知识点总结

1. 物质的量及相关计算

物理量	符号	单位	公式
物质的量	n	摩尔(mol)	$n=\dfrac{N}{N_A}$
摩尔质量	M	克每摩尔(g/mol)	$n=\dfrac{m}{M}$
气体摩尔体积	V_m	升每摩尔(L/mol)	$V=nV_m$
物质的量浓度	c	摩尔每升(mol/L)	$c=\dfrac{n}{V}$

阿伏伽德罗定律：相同物质的温度和压力下，相同体积的任何气体都含有相同数目的粒子数。在化学方程式中，物质的化学计量数比等物质的量之比。

2. 溶液组成的表示

溶液组成的表示	定义	单位
物质的量浓度	单位体积溶液里所含溶质的物质的量	mol/L
质量分数	溶液中溶质B的质量(m)与溶液质量(m)之比	%
质量浓度	1 L溶液里所含溶质的克数	g/L
体积分数	溶质(液态)的体积占全部溶液体积的分数	%或度(°)
体积比浓度	两种液体的体积比	—
质量摩尔浓度	溶液中溶质B的物质的量除以溶剂的质量	mol/kg

3. 电解质溶液及其性质

名称	概念或符号	公式或包含类型
强电解质	在水溶液中完全电离的电解质	强酸、强碱、盐
弱电解质	在水溶液中部分电离的电解质	弱酸、弱碱、水
水的离子积	K_w	$K_w=c(H^+)c(OH^-)$
pH	pH	$pH=-\lg c(H^+)$
盐的水解	溶液中盐的离子与水解离出的 H^+ 或 OH^- 作用生成弱电解质的反应	强酸弱碱盐水解成酸性 强碱弱酸盐水解成碱性

第四章 常见无机物及其应用

在一百多种化学元素中,除氢以外,其他非金属元素都排在元素周期表的右侧和上侧,非金属元素在现在社会中占有重要位置。金属是一种具有光泽、延展性、容易导电、导热等性质的物质。在自然界中,绝大多数金属以化合态形式存在,少数金属例如金、铂、银、铋以游离态形式存在。金属矿物多数是氧化物及硫化物。

第一节 常见非金属单质及其化合物

学习目标

1. 了解氯、硫、氮等常见非金属单质及其重要化合物的主要性质。
2. 认识非金属单质及其重要化合物在生产、生活中的应用和对生态环境的影响。
3. 知道氯离子、硫酸根离子和铵根离子的检验方法。

看一看

单晶硅　　　　硫黄　　　　碘

非金属单质示例

想一想

1. 硅为什么可以用来做电子元器件?
2. 硫磺燃烧生成的物质有什么特点?
3. 为什么自来水里常通入氯气用来消毒?

第四章 常见无机物及其应用

一、常见非金属单质

（一）非金属元素在周期表中的位置及原子结构特征

1. 在周期表中的位置

观察元素周期表（见附录3），在已知的所有元素中，共有16种非金属元素（不含稀有气体元素）。其中绝大部分非金属元素位于元素周期表的右半部分。特别地，氢元素位于ⅠA族，但它不是碱金属元素。

2. 原子结构特征

从原子结构的角度来看，元素的金属性是指元素的原子失去电子的能力，元素的非金属性是指元素的原子得到电子的能力。非金属元素原子最外层电子数一般大于或等于4个，比较容易得到电子变成阴离子显负价，具有非金属性；除氟原子和氧原子外，其他非金属元素原子都可失去电子显正价，具有金属性。

（二）常见非金属单质的物理性质

非金属单质在常温下除溴单质是液体外，剩下的单质一般是气体或固体。固体非金属单质之间的硬度有明显的差别，例如硫单质是很软的，但金刚石（碳的一种同素异形体）却是自然界中最坚硬的物质。一般来说，固体非金属单质是易碎的，密度比金属单质低而且导热性不好。大部分非金属单质是电的绝缘体，但是石墨（碳的一种同素异形体）却具有良好的导电性。

特别要强调的是，硅也可以导电，是一种重要的半导体材料。高纯度的硅在电子工业上可用于制造半导体器件和集成电路，是电子工业中最重要的材料。

常见非金属单质如图4-1所示。

| 白磷 | 硫磺 | 液溴 | 金刚石 |

图4-1 常见的非金属单质示例

常见非金属单质的物理性质如表4-1所示。

表4-1 常见非金属单质的物理性质

颜色	白磷（白色蜡状），硫（淡黄），氟气（浅绿），氯气（黄绿），溴（红棕），碘（紫黑）
气味	有刺激性气味的气体（F_2、Cl_2）；无色无味的气体（如 N_2）
溶解性	氯气可溶于水成为氯水；硫黄不溶于水，微溶于酒精，易溶于 CS_2；白磷不溶于水，易溶于 CS_2；溴、碘易溶于有机溶剂；氮气难溶于水
毒性	气体（F_2、Cl_2），液体（Br_2）
升华	碘（I_2）

（三）常见非金属单质的化学性质

在元素周期表中，越向左下方，元素金属性越强；越向右上方，元素的非金属性越强。同一主族元素，从上到下，原子的电子层数逐渐增多，原子半径逐渐增大，核对外层电子的吸引力逐渐减小，元素原子失电子的能力逐渐增强，得电子的能力逐渐减弱，元素的金属性逐渐增强，非金属性逐渐减弱。非金属性最强的元素是 F。卤族元素的非金属性 F＞Cl＞Br＞I。卤素单质（如图 4-2 所示）均为双原子的非极性分子。

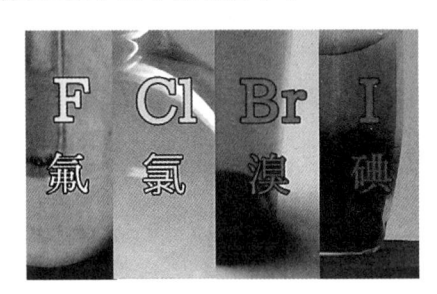

图 4-2 卤族元素单质

你知道吗？

舍勒是 18 世纪中后期欧洲的一位相当出名的瑞典化学家，他从少年时代起就在药房当学徒，他迷恋实验室工作，在仪器、设备简陋的实验室里他做了大量的化学实验，涉及内容非常广泛，发明也非常多。他以其短暂而勤奋的一生，对化学做出了突出的贡献，赢得了人们的尊敬。

舍勒发现氯气是在 1774 年，当时他正在研究软锰矿，当他将软锰矿与浓盐酸混合加热时，产生了一种黄绿色的气体，这种气体的强烈的刺激性气味使舍勒感到极为难受，但是当确信自己制得了一种新气体后，他又感到一种由衷的快乐。舍勒制备出氯气以后，把它溶解在水里，发现这种水溶液对纸张、蔬菜和花都具有永久性的漂白作用；他还发现氯气能与金属或金属氧化物发生化学反应。

从 1774 年舍勒发现氯气以后，到 1810 年，许多科学家先后对这种气体的性质进行了研究。这期间，氯气一直被当作一种化合物。直到 1810 年，英国化学家戴维经过大量实验研究，才确认这种气体是只由一种化学元素组成的物质。他将这种元素命名为 chlorine，这个名称来自希腊文，有"绿色"的意思。我国早年的译文将其译作"绿气"，后改为"氯气"。

1. 氯气

氯气是一种黄绿色、有强烈刺激性气味的有毒气体，吸入氯气，会损伤人的呼吸道黏膜，严重时会发生肺水肿，使人呼吸困难而致死亡。因此，使用氯气要十分注意安全。在实验室里闻氯气的时候，必须十分小心，千万不要把鼻子凑到瓶口直接去闻，应该用手轻轻地在瓶口扇动，让极少量的氯气飘进鼻孔（如图 4-3 所示）。

图 4-3 扇闻法

氯原子最外层上有 7 个电子，在化学反应中容易得到 1 个电子，使最外层达到 8 个电子的稳定结构。因此，氯气是很典型的非金属单质，化学性质很活泼，能与许多物质发生反应，比如金属、非金属、水、碱等物质。

(1) 氯气与金属反应

氯气几乎能与所有的金属化合生成金属氯化物,有些反应需要加热。加热时,很多金属还能在氯气中燃烧。

【演示实验 4-1】

用镊子夹出黄豆大的一块金属钠,用滤纸吸干表面上的煤油,然后放在铺上石棉或细沙的燃烧匙里加热,等钠刚开始燃烧,立即将燃烧匙伸进盛氯气的集气瓶里(图 4-4),观察发生的现象。

图 4-4 氯气和钠反应

可以看到,金属钠在氯气中剧烈燃烧,产生黄色火焰,并有白烟生成,这白烟就是固体氯化钠。钠燃烧完毕后,可以看到白色的氯化钠晶体。这个反应的化学方程式是:

$$2Na + Cl_2 \xrightarrow{\triangle} 2NaCl$$

红热的铁丝也能在氯气中燃烧,生成棕色的氯化铁(图 4-5)。这个反应的化学方程式是:

$$2Fe + 3Cl_2 \xrightarrow{\triangle} 2FeCl_3$$

图 4-5 氯气和铁反应

【演示实验 4-2】

把一束细铜丝在酒精灯火焰上灼烧到红热后,迅速放入充满氯气的集气瓶里(图 4-6),观察发生的现象。等铜丝燃烧完毕后,将少量的水注入集气瓶里,用毛玻璃片盖住瓶口,震荡,使生成的物质溶解,观察溶液的颜色。

图 4-6 氯气和铜反应

可以看到,红热的铜丝在氯气中剧烈燃烧,集气瓶中充满棕黄色的烟,这是氯化铜晶体颗粒。这个反应的化学方程式是:

$$Cu+Cl_2 \xrightarrow{\triangle} 2CuCl_2$$

(2) 氯气与非金属反应

如图 4-7 所示,先在空气中点燃氢气,然后将导管伸入盛有氯气的集气瓶中。可以观察到,氢气与氯气反应,可以观察到,纯净的氢气在氯气中安静地燃烧,发出苍白色火焰,同时放出大量的热,集气瓶口有白雾生成。这是因为氯气与氢气化合的产物是 HCl 气体,它在空气中易与水蒸气结合呈现雾状。HCl 气体溶于水,就成为我们常用的盐酸。

$$H_2+Cl_2 \xrightarrow{点燃} 2HCl$$

图 4-7 氯气和氢气反应

氯气和氢气在常温下化合非常缓慢,但在强光直接照射氯气和氢气的混合气体时,可迅速化合爆炸,反应后也生成氯化氢气体。

如果点燃氯气和氢气的混合气体,也能发生剧烈反应并引起爆炸,生产氯化氢气体。

(3) 氯气与水的反应

在 25 ℃时,1 体积的水可溶解约 2 体积的氯气,氯气的水溶液称为氯水。常温下,溶于水中的一部分氯气与水发生如下反应:

$$Cl_2+H_2O \rightleftharpoons HCl+HClO$$
$$(次氯酸)$$

氯水是由水、氯气、盐酸和次氯酸组成的混合物。

次氯酸(HClO)是比碳酸还弱的酸,不稳定,容易分解放出氧气,在光照下分解速度加快,生成盐酸和氧气:

$$2HClO \xrightarrow{光照} 2HCl+O_2 \uparrow$$

因此,新制的氯水里盐酸的含量很少,而放置长久的氯水里盐酸的含量增加。

氯水宜现用现配制,而且应该贮存棕色瓶子里,避光保存。

次氯酸是一种强氧化剂,能杀死水中的病菌,所以常用氯气对自来水(1 L 水中约通入 0.002 g 氯气)进行杀菌消毒。我们偶尔闻到自来水散发出来的刺激性气味就是余氯的气味。

【演示实验 4-3】

取一条干燥的有色布条和一条湿润的有色布条,分别放入盛有氯气的集气瓶中,迅速盖好玻璃片,观察发生的现象,如图 4-8 所示。

图 4-8 次氯酸的漂白性

可以看到,湿润的布条褪了色,而干燥的布条却没有褪色。

可见,潮湿的氯气(或氯水)具有杀菌漂白能力,是由于它与水作用而生成次氯酸,次氯酸具有漂白能力,可以使染料和有机色素褪色,可用做漂白剂,而干燥的氯气没有漂白作用。

(4) 氯气与碱反应

最初,人们直接用氯气作漂白剂,但因氯气的溶解度不大,而且生成的次氯酸不稳定,难以保存,使用起来很不方便,漂白效果也不理想,所以,人们也一直在寻找替代品。后来,在氯气与水反应原理的基础上,经过多年的实验、改进,才有了今天常用的漂白液和漂白粉。

在常温下,将氯气通入 NaOH 溶液中可以得到以次氯酸钠($NaClO$)为有效成分的漂白液,其化学方程式如下:

$$Cl_2 + 2NaOH = NaCl + NaClO + H_2O$$
(次氯酸钠)

与 Cl_2 和 NaOH 的反应类似,将 Cl_2 通入冷的石灰乳[$Ca(OH)_2$]中,制得以次氯酸钙[$Ca(ClO)_2$]为有效成分的漂白粉,其化学方程式如下:

$$2Ca(OH)_2 + 2Cl_2 = Ca(ClO)_2 + CaCl_2 + 2H_2O$$
(次氯酸钙)

次氯酸钙和氯化钙的混合物就是漂白粉,有效成分是次氯酸钙。次氯酸钙需要在酸性条件下转化成次氯酸才具有漂白作用。用漂白粉漂白织物时,次氯酸钙与空气中的二氧化碳和水蒸气或稀酸反应,生成次氯酸,其化学方程式如下:

$$Ca(ClO)_2 + CO_2 + H_2O = CaCO_3 \downarrow + 2HClO$$

工业上使用漂白粉时,常加入少量稀硫酸,在短时间内可以有良好的漂白效果。

由于氯气化学性质活泼,能与很多物质发生反应,因此氯气是一种重要的化工原料。氯气除用于制漂白粉和盐酸外,还用于制造橡胶、塑料、农药和有机溶剂等,如图 4-9 所示。

2. 氮气

氮气(N_2)分子的电子式是:N⋮⋮N:,结构式是 N≡N。氮气是由两个氮原子共

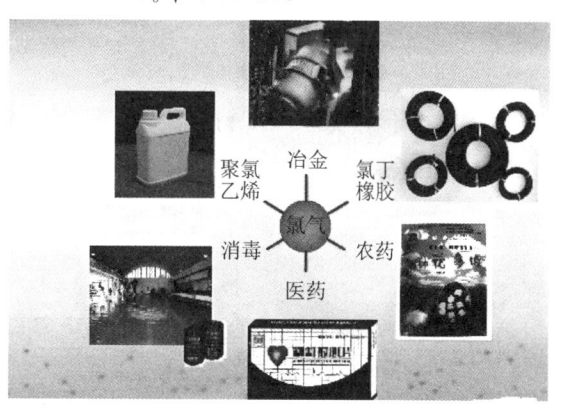

图 4-9 氯气的用途示例

用三对电子对结合而成的,分子中有三个共价键。氮原子间结合很牢固,不容易分离,即使加热到 3000 ℃ 时氮气分子也不分解,说明氮气分子的结构很稳定。在通常情况下,氮气的性质非常稳定,很难和其他物质发生化学反应。但在一定条件下,如高温或放电,氮分子获得了足够的能量,还是能与氢气、氧气、金属等物质发生化学反应。

(1) 氮气与氧气的反应

在放电条件下,氮气可以直接和氧气反应生成无色的一氧化氮(NO),其化学方程式如下:

$$N_2 + O_2 \xrightarrow{\text{放电}} 2NO$$

(2) 氮气与氢气的反应

在高温、高压和催化剂的作用下,氮气与氢气可直接化合生成氨(NH_3),其化学方程式如下:

$$N_2 + 3H_2 \underset{\text{催化剂}}{\xrightarrow{\text{高温、高压}}} 2NH_3$$

这个反应是一个可逆反应。工业上就是利用这个反应来合成氨气,简称合成氨反应。

将空气中游离的氮转变为氮的化合物的过程,叫作氮的固定,简称为固氮。氮元素是农作物体内蛋白质、核酸和叶绿素的重要成分。植物在生长过程中,必须吸收含氮养料。所以氮元素是农作物需要的一种非常重要的营养元素。空气中含有大量的氮气,但绝大多数植物只能吸收氮的化合物做养料,不能直接从空气中吸取游离态的氮气作为养料。因此,必须把空气中的游离态的氮转变为氮的化合物。所以,只有进行氮的固定,氮元素才能被农作物吸收。

在雷雨天,大气中常有 NO 气体生成,通过闪电产生含氮化合物的过程称为高能固氮,这是自然固氮的一种途径。自然固氮的另一种途径为生物固氮,这种固氮是自然界中的一些微生物种群将空气中的氮气通过生物化学转化为含氮化合物的过程。但是自然固氮远远不能满足农业生产需求,因此在工业上通常用 N_2 和 H_2 反应合成氨进行生产各种化肥。氮肥的生产就是将空气中的氮固定,变成氮的化合物,称为人工固氮。合成氨是常用的人工固氮方法。

在自然界中,氮的循环如图 4-10 所示。

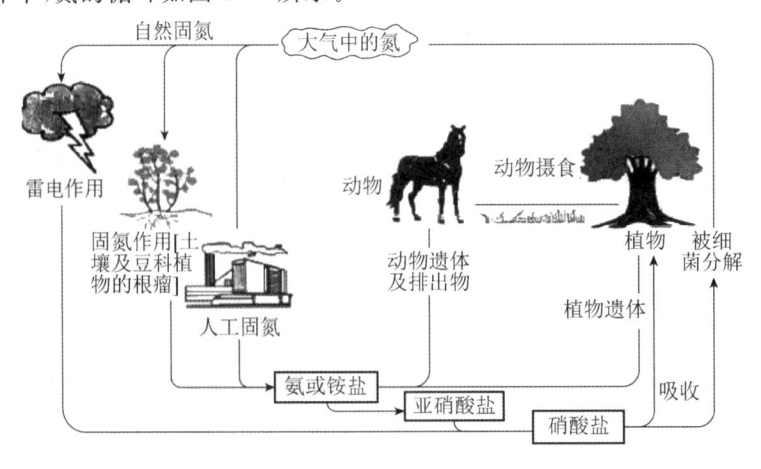

图 4-10 氮的循环

(3) 氮气跟镁的反应

氮气在高温时,能与镁、钙、锶、钡等金属直接化合生成金属氮化物。例如,镁在空气中燃烧时,除与氧气起反应生成氧化镁外,还能与氮气化合生成微量的氮化镁(Mg_3N_2)。

$$3Mg + N_2 \xrightarrow{\text{点燃}} Mg_3N_2$$

大量的氮气在工业上主要用于合成氨、制造硝酸等,它们是制造氮肥、炸药的原料。氮气的化学性质很不活泼,可用来代替稀有气体做焊接金属时的保护气。氮气或氮气和氩气的混合气体可用来填充白炽灯泡,使灯泡经久耐用。在低氧高氮环境中,可利用氮气的化学性质来保护粮食、水果等农副产品。液态氮可用做冷冻剂,在工业和医疗方面也有一定的用途。氮气的部分用途如图 4-11 所示。

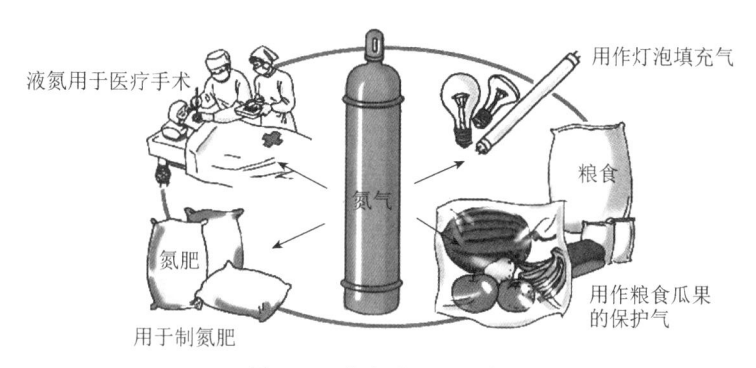

图 4-11 氮气的用途示例

3. 硫

硫是一种淡黄色晶体,质脆,容易研成粉末。它难溶于水,微溶于酒精,易溶于二硫化碳(CS_2)。硫是一种非常重要的非金属元素,化学性质比较活泼,在点燃或加热条件下,能与氢气、氧气、金属等许多物质发生化学反应。

(1) 与金属反应

硫能和许多金属(金、铂、铱除外)发生反应,生成金属硫化物,并放出热量。

【演示实验 4-4】

将少许研细混合好的硫粉和铁粉堆在旧的石棉铁丝网上,把一根长约 0.3 m 的玻璃棒一端在酒精灯火焰上烧红后,立即插入硫、铁的混合物中,观察发生的现象,如图 4-12 所示。

图 4-12 硫粉与铁粉反应

可以看到，硫粉和铁粉的混合物在加热后能发生反应，放出热量，放出的热能使反应继续进行。硫与铁反应生成黑色的硫化亚铁，其化学方程式如下：

$$Fe+S \xrightarrow{\triangle} FeS$$

铜丝能在硫蒸气中燃烧，生成黑色的硫化亚铜（Cu_2S），其化学反应方程式如下：

$$2Cu+S \xrightarrow{\triangle} Cu_2S$$

（2）与非金属反应

硫还能与许多非金属发生反应。如图 4-13 所示，硫能在纯氧中燃烧，发出明亮的蓝紫色火焰，并生成二氧化硫，其化学反应方程式如下：

$$S+O_2 \xrightarrow{\text{点燃}} SO_2$$

硫的蒸气能与氢气直接化合生成硫化氢气体，其化学反应方程式如下：

$$S+H_2 \xrightarrow{\triangle} H_2S$$

图 4-13 硫与氧气反应

硫的用途很广。硫在工业上主要用来制造硫酸、黑色火药、火柴等；在医疗上用来制硫磺软膏，医治某些皮肤病。硫也是生成橡胶和制造某些农药的重要原料。

常见非金属单质的化学性质如表 4-2 所示。

表 4-2 常见非金属单质的化学性质

共性	1. 能与氢气反应 2. 能与金属反应
不同点	1. 除卤素单质外，都能与氧气反应 2. 卤素单质与水反应，其余不反应 3. 卤素单质、硅、硫与强碱反应，其余一般不反应 4. S、P、C 与强氧化性酸反应，X_2（Cl、Br、I）、O_2 与某些还原性酸反应，Si 与氢氟酸反应，其余不反应

趣味实验

碘钟实验

碘钟实验是一种经典的化学振荡反应，它不仅展示了化学反应的动态变化，还体现了化学动力学的原理。在这个实验中，几种无色的液体混合在一起后，会在几秒钟内变成靛蓝色，随后颜色又会逐渐褪去，这种周期性的颜色变化使得碘钟实验成了一个非常有趣的化学反应。

首先，过氧化氢溶液、丙二酸、硫酸锰、可溶性淀粉、碘酸钾和硫酸等试剂被混合在一起。在混合后的溶液中，过氧化氢会被丙二酸和硫酸锰催化分解，同时碘酸钾也会参与反应。这些反应导致了碘单质的生成，而碘单质与淀粉结合后会呈现出蓝色。然而，由于反应体系中存在其他物质，如过氧化氢和丙二酸，它们会继续消耗生成的碘单质，使得蓝色逐渐褪去。这个过程会反复进行，从而形成了周期性的颜色变化。

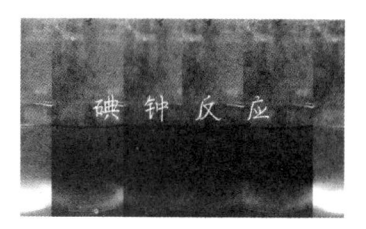

思考

如果把中央处理器CPU比喻为整个电脑系统的心脏，那么主板上的芯片组就是整个身体的躯干。对于主板而言，芯片组几乎决定了这块主板的功能，进而影响到整个电脑系统性能的发挥，芯片组是主板的灵魂。你知道生产芯片的材料是什么吗？

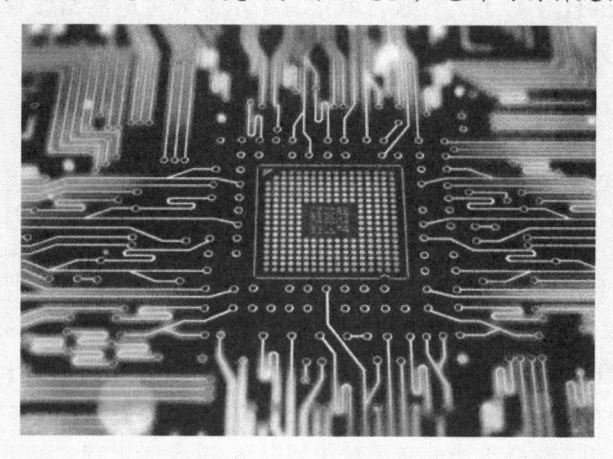

二、常见非金属的气态氢化物

看一看

井喷事件 　　　　温泉 　　　　施氨肥后茁壮成长的植物

非金属氢化物对环境的影响示例

> **想一想**
> 1. 植物生长需要的氮肥是怎么生产的？
> 2. 温泉里含有什么对人体有益的物质？
> 3. 井喷事故主要是什么气体造成的？

非金属与氢形成的气态氢化物命名为"某化氢"。下面介绍几种比较典型的非金属气态氢化物。

1. 氨气

在自然界，氨是动物体，特别是蛋白质腐败的产物。

氨气是一种无色、有强烈刺激性气味的气体，密度比空气小，极易溶于水。在常温常压下，1 体积水可溶解 700 体积氨，氨气的水溶液叫作氨水。氨溶解于水中，大部分氨分子与水结合生成一水合氨（$NH_3·H_2O$），一水合氨中有一小部分可电离出铵根离子（NH_4^+）和氢氧根离子（OH^-）。因此，氨水显弱碱性，具有碱的通性。

$$NH_3 + H_2O \rightleftharpoons NH_3·H_2O$$
$$NH_3·H_2O \rightleftharpoons NH_4^+ + OH^-$$

一水合氨很不稳定，受热时易分解生成氨气和水。

$$NH_3·H_2O \xrightarrow{\triangle} NH_3\uparrow + H_2O$$

氨很容易液化，在常压下冷却到 $-33.35\ ℃$，会凝结成无色液体，同时释放出大量的热量；液态氨汽化时要吸收大量的热，能使周围物质的温度急剧降低，因此液态氨可以用作制冷剂。

氨能与酸反应直接化合生成铵盐。如图 4-14 所示，取两根分别蘸有浓盐酸和浓氨水的玻璃棒，使两根玻璃棒靠近，可以看到，有大量白烟产生，这白烟是氨水挥发出来的 NH_3 与浓盐酸挥发出来的 HCl 化合生成的微小氯化铵晶体，其化学方程式如下：

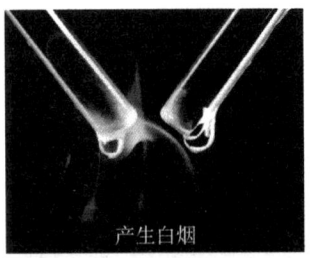

图 4-14 氨与氯化氢反应

$$NH_3 + HCl = NH_4Cl$$

氨同样能与其他酸化合生成铵盐。如把氨通入硝酸或硫酸中，就生成硝酸铵或硫酸铵，其化学方程式如下：

$$NH_3 + HNO_3 = NH_4NO_3$$
$$2NH_3 + H_2SO_4 = (NH_4)_2SO_4$$

氨在空气中不能燃烧，但在纯氧中能燃烧生成氮气和水，同时发出黄色火焰，其化学方程式如下：

$$4NH_3 + 3O_2 \xrightarrow{\text{点燃}} 2N_2 + 6H_2O$$

在催化剂存在的条件下，氨能与空气中的氧气在高温下发生反应生成一氧化氮和水。这个反应叫作氨的催化氧化，它是工业上制造硝酸的主要反应，其化学方程式如下：

$$4NH_3 + 5O_2 \xrightarrow[\text{催化剂}]{\triangle} 4NO + 6H_2O$$

氨是一种重要的化工产品，对地球上的生物相当重要，是肥料的重要成分，对农业生产的意义十分重大。氨也是一种重要的化工原料，可用来制造硝酸、铵盐、纯碱等。氨是尿素、纤维、塑料等有机合成产品的重要原料。氨还用做冷冻机和制冰机中的制冷剂。氨的部分用途如图 4-15 所示。

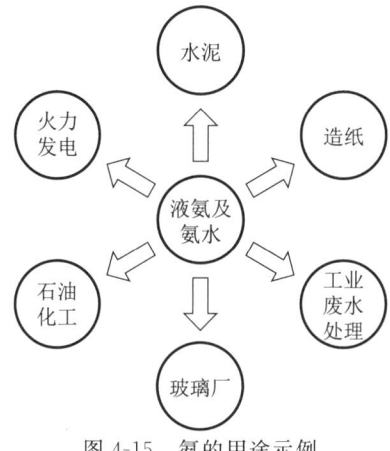

图 4-15　氨的用途示例

2. 硫化氢

硫化氢（H_2S）是硫的氢化物，是一种无色、易燃的酸性气体，密度比较空气略大，能溶于水。硫化氢浓度低时带恶臭，气味如臭鸡蛋，浓度高时反而闻不到气味，因为高浓度的硫化氢可以麻痹嗅觉神经。它是一种急性剧毒气体，吸入少量高浓度硫化氢可使人在短时间内致命。低浓度的硫化氢对眼、呼吸系统及中枢神经都有影响。它是一种大气污染物。

硫化氢是一种可燃气体，在空气中燃烧时，可被氧化生成二氧化硫或硫。硫化氢在空气中能腐蚀金属，具有还原性。如银、镍等许多在空气中很稳定的金属在含有硫化氢的空气中也会被腐蚀而生成金属硫化物。所以，精密仪器和设备等物体绝不能放置在含硫化氢较多的环境里。

在自然界中，硫化氢存在于原油、天然气、火山气体和温泉之中。它也可以在细菌分解有机物的过程中产生。

硫化氢的水溶液叫氢硫酸，是一种挥发性的酸，受热时易挥发出硫化氢。氢硫酸和硫化氢一样有较强的还原性，很容易被氧化而析出单质硫。氢硫酸是一种易挥发的弱酸，具有酸的通性。

3. 氯化氢

氯化氢(HCl)是一种无色而有刺激性气味的气体,密度比空气大,易溶于水,常温下 1 体积的水大约能溶解 450 体积的氯化氢。氯化氢的水溶液叫氢氯酸,习惯上称为盐酸。氯化氢遇到空气中的水蒸气能形成盐酸液滴,因此,氯化氢在潮湿的空气中会产生白雾。

纯净的盐酸是无色有刺激性气味的液体。工业上的浓盐酸常因含有杂质(氯化铁)而呈黄色。浓盐酸易挥发,在空气中会产生白雾。常用的浓盐酸的质量分数为 37%,密度是 1.19 g/cm³。盐酸是强酸,有腐蚀性,具有酸的通性。

盐酸的应用领域非常广泛,是工业生产中的三大强酸(硫酸、硝酸、盐酸)之一,是一种重要的化工产品,在化学工业上常用来制备各种氯化物,在机械工业上常用来清洗钢铁制品表面的铁锈。在锅炉的化学清洗中,盐酸是常用的清洗剂。盐酸还常用于食品工业、印染工业、医药工业和皮革工业。在轧钢、电镀、搪瓷等工业生产中都广泛使用盐酸。盐酸在实验室里是一种重要的化学试剂。同时盐酸也是胃酸的主要成分,在食物消化过程中起到举足轻重的作用。胃酸过多会腐蚀胃内壁造成胃溃疡甚至胃穿孔,从而影响健康。

盐酸的部分用途如图 4-16 所示。

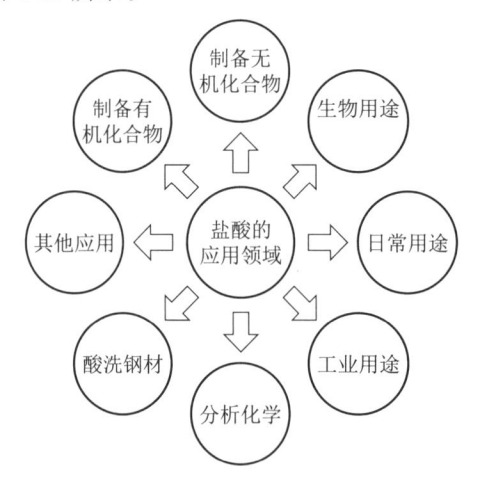

图 4-16 盐酸的用途示例

非金属气态氢化物的性质如表 4-3 所示。

表 4-3 非金属气态氢化物的性质

水溶液酸碱性	NH_3 的水溶液显碱性,其余水溶液显酸性,其中,HCl、HBr、HI 水溶液为强酸,HF、H_2S 水溶液为弱酸
还原性	均有还原性,但 HF 很难被其他物质氧化
稳定性	HF、HCl 受热难分解,NH_3、HBr 高温分解,H_2S、HI 受热易分解

你知道吗?

"84 消毒液"的"84"得名于该消毒液是 1984 年研制出来的。

1983年上海甲肝暴发流行引起群众恐慌。因此,我国迫切需要一种方便有效的能够在家里使用、随时消毒杀菌、阻断疾病传播的消毒产品。

1984年,地坛医院的前身——北京第一传染病医院研制成功能迅速杀灭各类肝炎病毒的消毒液,经北京市卫生局组织专家鉴定,授予应用成果二等奖,定名为"84肝炎洗消液",后更名为"84消毒液"。

"84消毒液"是一种以次氯酸钠为主要成分的含氯消毒剂,主要用于物体表面和环境等的消毒。次氯酸钠具有强氧化性,可水解生成具有强氧化性的次氯酸,能够将具有还原性的物质氧化,使微生物最终丧失机能,无法繁殖或感染。

"84消毒液"为无色或淡黄色液体,具有刺激性气味,有效氯含量5.5%～6.5%,现被广泛用于宾馆、旅游、医院、食品加工行业、家庭等的卫生消毒。

> **思考**
> 你知道洁厕灵的主要成分是什么吗?

三、常见非金属氧化物及含氧酸

看一看

光导纤维 　　　　　火力发电 　　　　　化工生产

非金属氧化物及含氧酸的应用和影响

想一想

1. 光导纤维的主要成分是什么?
2. 为什么说烧煤容易导致酸雨?
3. 硫酸的性质有哪些?

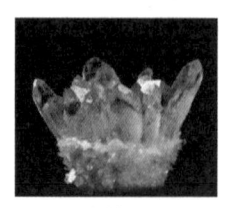

水晶　　　　　SO₂分子（模型）　　　　二氧化氮　　　　　硫酸

非金属氧化物及含氧酸示例

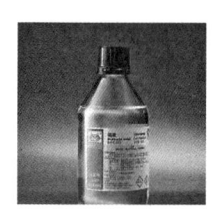

SiO₂的用途示例

由于氧的非金属性很强，能与很多非金属元素反应生成非金属氧化物，例如与碳反应生成 CO_2，与 N_2 反应生成 NO、NO_2，与 Si 反应生成 SiO_2，与 S 反应生成 SO_2 等。同时部分非金属氧化物溶于水以后会形成含氧酸，例如 H_2CO_3、H_2SO_4、HNO_3。

以下介绍几种有代表性的非金属氧化物及含氧酸。

（一）一氧化氮、二氧化氮及硝酸

由氮、氧两种元素组成的化合物称为氮氧化物。氮与氧在不同条件下化合能生成不同的氧化物。常见的氮氧化物有一氧化氮（NO，无色）、二氧化氮（NO_2，红棕色）、一氧化二氮（N_2O，也称笑气）、五氧化二氮（N_2O_5）等，其中除五氧化二氮在常温常压下呈固态外，其他氮氧化物都呈气态。

1. 一氧化氮

一氧化氮（NO）是一种无色、不溶于水的有毒气体，在常温下很容易与空气中的氧气反应生成红棕色并有刺激性气味的二氧化氮（NO_2）气体，如图 4-17 所示。因此，在雷雨天气时，大气中常有少量的 NO_2 产生。

$$2NO+O_2 =\!=\!= 2NO_2$$

图 4-17　NO 与 O_2 反应

2. 二氧化氮

二氧化氮（NO_2）是一种有毒、易溶于水的酸性氧化物。NO_2 与水反应生成硝酸和 NO，如图 4-18 所示。

$$3NO_2+H_2O =\!=\!= 2HNO_3+NO$$

二氧化氮在常温时还可以互相化合，生成无色的四氧化二氮（N_2O_4）气体。

$$2NO_2 \rightleftharpoons N_2O_4$$

　　红棕色　　无色

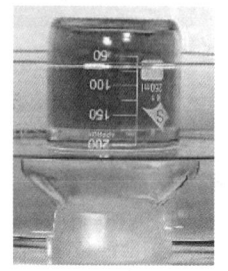

图 4-18　NO_2 与 H_2O 反应

3. 硝酸

纯硝酸（HNO_3）是一种无色、易挥发、有刺激性气味的液体，沸点约为83 ℃，凝固点约为−42 ℃，密度为1.51 g/cm³。硝酸极易溶于水，能以任何比例与水混溶。常用的浓硝酸质量分数为69%。

HNO_3具有很强的酸性，是三大强酸之一。硝酸除了具有酸的通性外，还具有它本身的特性。

硝酸不稳定，易分解。纯净的硝酸在常温下见光就会分解，生成二氧化氮、氧气和水，受热时分解得更快。硝酸越浓、温度越高，就越容易分解。分解出的二氧化氮溶解于硝酸中，使硝酸呈黄色。为了防止硝酸分解，必须将它盛在棕色瓶中，贮放在黑暗而且温度低的地方。

$$4HNO_3 \xrightarrow[\text{或光照}]{\triangle} 4NO_2\uparrow + O_2\uparrow + 2H_2O$$

硝酸具有强氧化性，在常温下能与除金、铂、钛、钌、铑、锇、铱、铌、钽以外的所有金属反应，生成相应的硝酸盐，都不放出氢气。

【演示实验 4-5】

在两支放有铜片的试管里分别加入少量浓硝酸和稀硝酸（如图4-19所示），观察发生的现象。

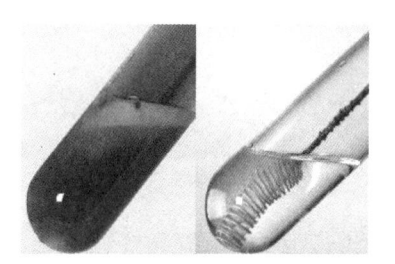

图4-19 浓/稀硝酸与铜反应

可以看到，浓硝酸与铜反应剧烈，有红棕色的二氧化氮气体产生，其化学方程式如下：

$$Cu + 4HNO_3(浓) = Cu(NO_3)_2 + 2NO_2\uparrow + 2H_2O$$

稀硝酸与铜反应比较缓慢，有无色的一氧化氮气体产生，一氧化氮与氧气结合生成红棕色的二氧化氮，在试管口变为红棕色，其化学方程式如下：

$$3Cu + 8HNO_3(稀) = 3Cu(NO_3)_2 + 2NO\uparrow + 4H_2O$$

无论是浓硝酸还是稀硝酸，在常温下都能与铜发生反应。

浓硝酸在常温下会与铁、铝发生钝化反应，使金属表面生成一层致密的氧化物薄膜，阻止硝酸继续氧化金属。所以，可以用铝槽车装运浓硝酸。

硝酸可用于制取一系列硝酸盐类氮肥，如硝酸铵、硝酸钾等；也用于制取硝酸酯类或含硝基的炸药，如三硝基甲苯（TNT）、硝化甘油等。

（二）二氧化硫、三氧化硫及硫酸

1. 二氧化硫

二氧化硫（SO_2）是一种无色气体，有强烈刺激性气味，易溶于水，密度比空气大。它是一种酸性氧化物，具有酸性氧化物的通性。二氧化硫有毒，对黏膜有强烈的刺激作用，人吸入少量二氧化硫，会使嗓子变哑，呼吸困难甚至失去知觉。它是最常见的硫氧化物，是一种大气污染物。

二氧化硫溶于水时与水反应生成亚硫酸（H_2SO_3），溶液呈弱酸性。亚硫酸不稳定，容易分解成水和二氧化硫，因此二氧化硫与水反应生成亚硫酸是一个可逆反应，即：

$$SO_2 + H_2O \rightleftharpoons H_2SO_3$$

二氧化硫在适当的温度并有催化剂存在的条件下，还可以被氧气氧化生成三氧化硫。三氧化硫在同样条件下也可以分解生成二氧化硫和氧气，这也是一个可逆反应，即：

$$2SO_2 + O_2 \xrightleftharpoons[400\sim 500\ ℃]{V_2O_5} 2SO_3$$

【演示实验 4-6】

把二氧化硫气体通入盛有品红溶液的试管里，观察品红溶液颜色的变化。再把试管加热，观察品红溶液颜色的变化。实验过程如图 4-20 所示。

品红溶液　　通入SO_2　　品红溶液褪色　　加热品红溶液　　品红溶液颜色复现

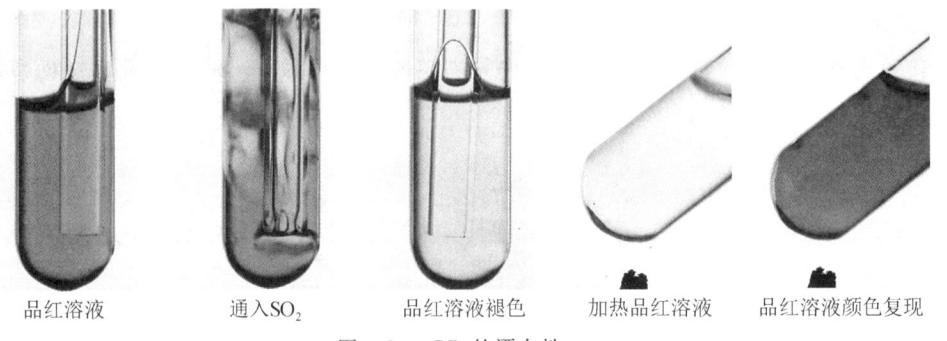

图 4-20　SO_2 的漂白性

可以看到，通入二氧化硫气体后品红溶液的颜色褪去，对试管加热，品红溶液的颜色复现。这个方法可以检验二氧化硫的存在。

二氧化硫具有漂白性，能漂白某些有色物质，但漂白原理与氯气不同。二氧化硫的漂白作用是由于它与某些有色物质生成不稳定的无色物质，这种无色物质容易分解而使有色物质恢复原来的颜色。工业上常用二氧化硫漂白纸浆、毛、丝、草帽辫等。此外，二氧化硫还常用于杀菌、消毒等。

二氧化硫是大气主要污染物之一。火山爆发时会喷出二氧化硫，在许多工业过程中也会产生二氧化硫。由于煤和石油通常都含有硫化物，因此煤和石油燃烧时会生成二氧化硫。二氧化硫在空气中进一步氧化并溶于水，便会生成硫酸（H_2SO_4）——酸雨的成分之一。因此，使用这些化石燃料作为能源将对环境产生不利的影响。

2. 三氧化硫

三氧化硫（SO_3）是一种无色易挥发的晶体。它是一种酸性氧化物，具有酸性氧化物的通性。

三氧化硫极易溶于水，遇水立即与水发生剧烈反应，生成硫酸，同时释放出大量的热量，所以，三氧化硫也叫硫酸酐。

$$SO_3 + H_2O = H_2SO_4$$

3. 硫酸

纯硫酸是一种无色、无味、黏稠的油状液体。常用的浓硫酸的质量分数为 98.3%，密度为 1.84 g/cm³，物质的量浓度为 18.4 mol/L。硫酸是一种高沸点、难挥发的强酸，可用来制取易挥发的盐酸、硝酸。

浓硫酸易溶于水，能以任意比例与水混溶。浓硫酸溶解时释放出大量的热量，因此浓硫酸稀释时，千万不能把水倒入浓硫酸中，一定要把浓硫酸沿着器壁慢慢地注入水里，并不断的搅拌，使产生的热量迅速扩散，这样就可以避免事故的发生。浓硫酸的稀释方法如图 4-21 所示。

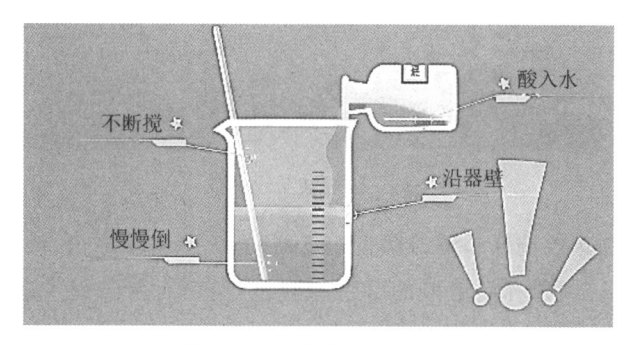

图 4-21　浓硫酸的稀释方法

若将三氧化硫溶于浓硫酸中，则得到无色至棕色油状液体。当这种液体暴露于空气中时，挥发出来的三氧化硫和空气中的水蒸气形成硫酸的细小液滴而看起来像冒烟，因此称为"发烟硫酸"。

浓硫酸具有强烈的吸水性，能吸收气体中的水蒸气。因此浓硫酸常用作药品、不与它反应的气体的干燥剂。

浓硫酸具有脱水性，能将纸张、衣服、皮肤等物质中的氢、氧元素按水的组成比脱去，使它们炭化（如图 4-22 所示）。因此，浓硫酸有强烈的腐蚀性，能严重地破坏动植物组织，使用时要注意安全。

图 4-22　向蔗糖加入浓硫酸

浓硫酸还具有强氧化性，常温下，能使铁、铝等金属钝化，在金属表面生成比较复杂的氧化物。这种氧化物不能溶解在浓硫酸里，它在金属表面形成一层致密的氧化物保护膜，阻止内部金属继续与浓硫酸反应。因此，工业上用铁或铝制容器贮存和运输冷的浓硫酸。但是，在加热时,浓硫酸可以与除金、铂之外的所有金属反应。

【演示实验 4-7】

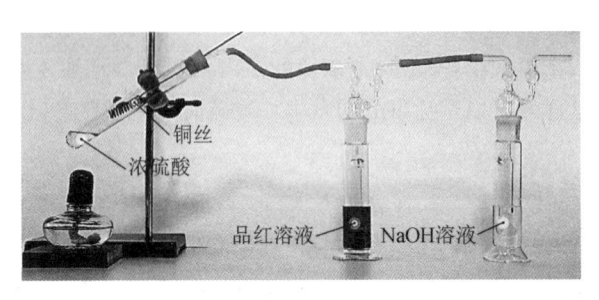

如图 4-23 所示,在试管里注入约 5 mL 浓硫酸,放入铜丝,然后加热,观察发生的现象。稍微降温后,将试管里的溶液倒入盛有约 3 mL 水的另一个试管里,观察稀释后溶液的颜色。

图 4-23 浓硫酸与铜的反应

可以看到,加热后铜片与浓硫酸发生反应,有无色气体放出,并使品红溶液褪色,说明这种气体是二氧化硫。稀释后溶液的颜色为蓝色,说明有硫酸铜生成。浓硫酸与铜起反应的化学方程式如下:

$$Cu+2H_2SO_4(浓) \xrightarrow{\triangle} CuSO_4+SO_2\uparrow+2H_2O$$

当加热时,浓硫酸还能与碳、硫等一些非金属反应。如加热浓硫酸与碳,可以发生反应,其化学方程式如下:

$$C+2H_2SO_4(浓) \xrightarrow{\triangle} CO_2\uparrow+2SO_2\uparrow+2H_2O$$

稀硫酸具有一般酸的通性,可与多数金属氧化物、碱反应生成相应的硫酸盐和水。

硫酸的工业制法如图 4-24 所示。

$$4FeS_2+11O_2 \xrightarrow{高温} 8SO_2+2Fe_2O_3$$

$$2SO_2+O_2 \underset{400\sim500\ ℃}{\overset{V_2O_5}{\rightleftharpoons}} 2SO_3$$

$$SO_3+H_2O = H_2SO_4$$

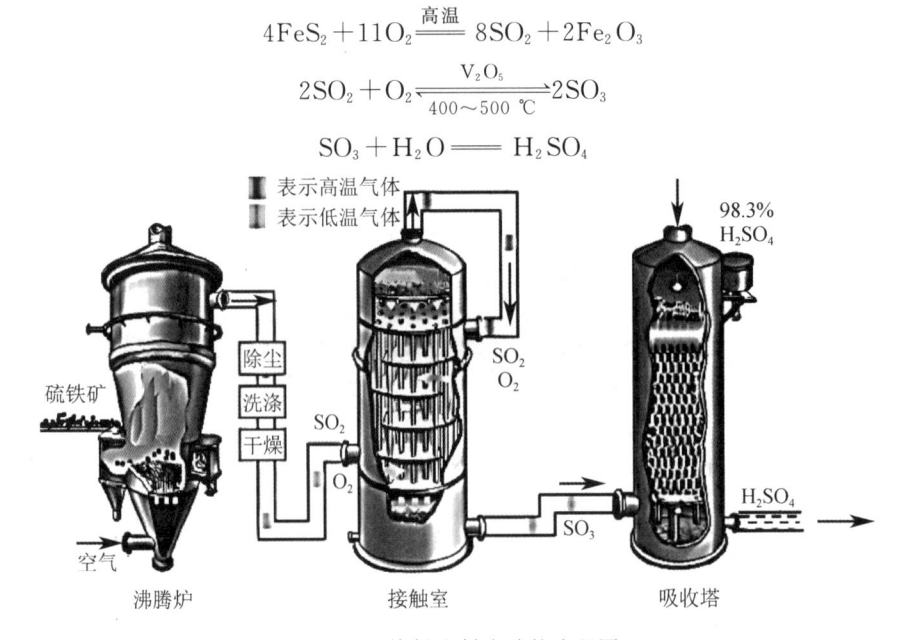

图 4-24 接触法制硫酸的流程图

第四章 常见无机物及其应用

硫酸既是化学工业中最重要的产品之一，又是一种重要的化工原料。在化学肥料工业上用硫酸制造磷酸钙等磷肥和硫酸铵。大量的硫酸用于精炼石油，制造炸药、染料、颜料、农药等。硫酸还用于制备许多有实用价值的硫酸盐（如硫酸亚铁、硫酸铜等）及各种挥发性酸（如盐酸、氢氟酸、硝酸等）。在电镀、搪瓷等工业中以及金属加工中用硫酸做清洗剂，以除去金属表面的氧化物。在工业上和实验室里常用浓硫酸做干燥剂，用来干燥氯气、二氧化碳等气体。在化学实验室里，硫酸也是一种重要的化学试剂。

硫酸的部分用途如图 4-25 所示。

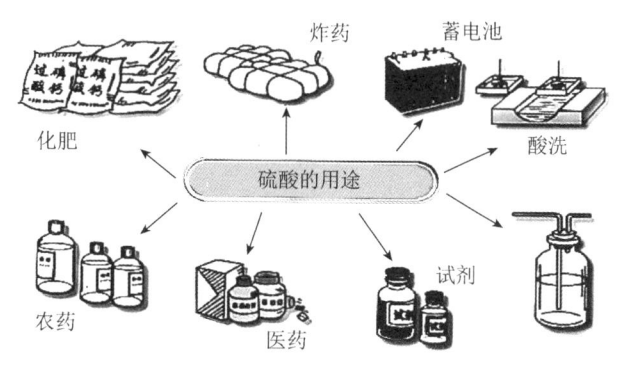

图 4-25 硫酸的用途示例

趣味实验

自制干燥剂

我们平时很多情况都需要使用干燥剂，如食品干燥剂、衣物干燥剂等。但是这些干燥剂的使用量都比较少，当房间里湿气比较重时，就需要大量的干燥剂使家里变得干燥。这个时候就有很多人会考虑，自己可以自制便宜且实用的干燥剂吗？

其实，最经济实惠的自制干燥剂的方法就是找一块生石灰（氯化钙），用布袋包起来放在屋里。当屋里湿气较大时，生石灰过一段时间就会受潮裂开变成粉末，这就证明房间里面的湿气被生石灰块吸收了。吸收了水分的生石灰可以直接换掉。如果想重复使用的话，可以把吸收了湿气的生石灰袋放到阳光下暴晒，或者使用其他方法给袋子里面的生石灰粉加热，使其中的水分蒸发。把处理掉水分后的生石灰袋放到房间里，它就可以继续吸收房间里面的湿气了。

你知道吗？

一氧化碳

在标准状况下，一氧化碳为无色、无臭、无刺激性的气体，相对分子质量为 28.01，密度为 1.3 g/L，冰点为 $-207\ ℃$，沸点为 $-190\ ℃$，极难溶于水。空气混合爆炸极限为 12.5%～74%。一氧化碳进入人体之后极易与血液中的血红蛋白结合，产生碳氧血红蛋白，进而使血红蛋白不能与氧气结合。

最早制备一氧化碳的是法国化学家拉索纳。1726年,他通过加热氧化锌和碳制得了一氧化碳。但由于一氧化碳燃烧时产生了与氢气类似的蓝色火焰,拉索纳错误地认为他制得的是氢气。1800年,英国化学家威廉·克鲁克香克证明一氧化碳是由碳元素和氧元素组成的化合物。最早对一氧化碳的毒性进行彻底研究的是法国的生理学家克劳德·伯纳德。1846年,他让狗吸入这种气体,发现狗的血液"变得比任何动脉中的血都要鲜红"。后来我们知道,血液变成"樱桃红色"是一氧化碳中毒的特有的临床症状。

> **思考**
> 1. 请查阅资料了解酸雨腐蚀环境的严重性。
> 2. 你知道如何防止酸雨腐蚀?

四、重要非金属离子的检验

离子检验是根据物质的结构组成和性质,通过特有的物理化学实验现象确定其有无的过程。离子检验的一般思路是:初步判断颜色,利用特征反应(沉淀、气体、颜色变化、气味等)验证,根据现象,得出正确结论。

下面介绍非金属离子碳酸根离子(CO_3^{2-})、硫酸根离子(SO_4^{2-})、卤离子(Cl^-、Br^-、I^-)、铵根离子(NH_4^+)的检验方法。

1. 碳酸根离子

碳酸根离子(CO_3^{2-})能与$BaCl_2$溶液反应,生成白色的$BaCO_3$沉淀(如图4-26所示)。该沉淀易溶于硝酸(或盐酸),生成无色无味、能使澄清石灰水变浑浊的CO_2气体,其化学方程式如下:

$$Ba^{2+} + CO_3^{2-} = BaCO_3\downarrow$$
$$BaCO_3 + HNO_3 = Ba(NO_3)_2 + CO_2\uparrow + H_2O$$
$$BaCO_3 + 2HCl = BaCl_2 + CO_2\uparrow + H_2O$$

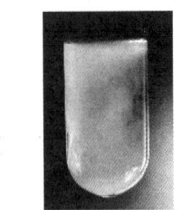

图4-26 $BaCO_3$沉淀

2. 硫酸根离子

硫酸根离子(SO_4^{2-})能与含Ba^{2+}的溶液反应,生成白色$BaSO_4$沉淀(如图4-27所示)。$BaSO_4$不溶于硝酸,其化学方程式如下:

$$Ba^{2+} + SO_4^{2-} = BaSO_4\downarrow$$

图4-27 $BaSO_4$沉淀

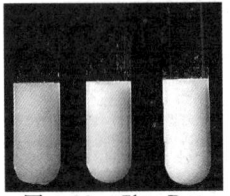

3. 卤离子

卤离子(X^-)常用硝酸银($AgNO_3$)来检验。Cl^-、Br^-和I^-的检验方法如下:在含有卤离子的溶液中加入硝酸银溶液,生成不溶于稀硝酸的沉淀,沉淀颜色不同(如图4-28所示)。

三种沉淀呈现出不同的颜色,不溶于水,也不溶于稀硝酸。根据此性质,可以用来鉴定卤离子。注意,因为AgF易溶于水,所以F^-不能用$AgNO_3$溶液检验,其化学方程式如下:

图4-28 Cl^-、Br^-和I^-的检验

第四章　常见无机物及其应用

$$Cl^- + Ag^+ =\!\!=\!\!= AgCl\downarrow（白色）$$
$$Br^- + Ag^+ =\!\!=\!\!= AgBr\downarrow（浅黄色）$$
$$I^- + Ag^+ =\!\!=\!\!= AgI\downarrow（黄色）$$

AgCl 能溶于氨水,生成$[Ag(NH_3)_2]^+$,称为二氨合银离子。

I^-能与氯水反应,生成I_2。I_2能使淀粉溶液变蓝(如图 4-29 所示),其化学方程式如下:

$$2I^- + Cl_2 =\!\!=\!\!= 2Cl^- + I_2$$

图 4-29　淀粉遇碘

4. 铵根离子

铵根离子(NH_4^+)能与碱作用逸出有刺激性气味的NH_3气体。加热NH_4Cl与$Ca(OH)_2$固体混合物,用湿润的红色石蕊试纸接近试管口,红色石蕊试纸变成蓝色,说明有NH_3生成,证明固体中有铵根离子存在(如图 4-30 所示),其化学方程式如下:

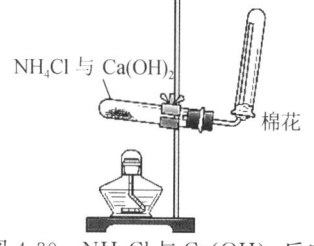

图 4-30　NH_4Cl与$Ca(OH)_2$反应

$$Ca(OH)_2 + NH_4Cl \xrightarrow{\triangle} CaCl_2 + 2NH_3\uparrow + 2H_2O$$

趣味实验

密写的"药水"

找一根葱,把下部的葱白截下来,用它在空白的纸上写上名字,然后把纸晾干,接下来,把纸放在火上烤一烤,你会发现纸上很快就显出字迹来了。

这是为什么呢?原来大葱的汁液留在纸上,能够让纸发生变化,产生一种好像透明的薄膜一样的东西。由于这种东西比纸容易点燃,在火上一烤,纸未燃它却先焦,葱白写的字也就清楚的显现在纸上了。除了大葱汁以外,大蒜汁、洋葱汁等都可以做密写的"药水"。

思考
　　食品中的亚硝酸盐为何会使人中毒呢?

五、大气污染与环境保护

看一看

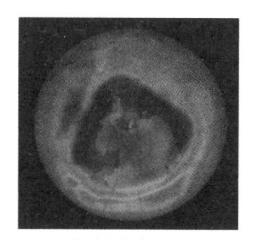

被酸雨破坏的树木　　臭氧层空洞
大气污染危害示例　　被雾霾笼罩的城市

89

想一想

1. 大气污染物主要包括哪些物质？
2. 光化学烟雾是什么物质引起的？

大气污染通常指大气中污染物浓度达到有害程度，超过了环境质量标准和破坏生态系统和人类正常生活条件，对人和物造成危害的现象。大气污染物是指由于人类活动或自然过程排入大气的并对环境或人产生有害影响的物质。大气污染物目前已知约有100多种。目前，工业生产和交通运输所造成的大气污染尤为严重。

大气污染物对人体的危害是多方面的，不仅让人体急性中毒或产生慢性疾病，而且还对人体的免疫系统和神经系统有长期的影响。大气污染物尤其是二氧化硫、氟化物等对植物的危害也是十分严重的。大气污染物对天气和气候的影响十分显著，例如由于化石燃料的不断使用，大气中CO_2浓度不断增加，产生温室效应，地球温度不断升高，使两极冰川不断融化，海平面升高，造成气候异常。

造成大气污染的氮氧化物主要是指NO和NO_2。大气中氮氧化物的人为源主要来自燃料燃烧过程，其中2/3来自汽车等流动源的排放。NO能和人体中的血红蛋白作用而引起人体中毒；NO_2能刺激人的呼吸器官，可导致呼吸道和肺部病变，引起气管炎、肺气肿等病症，浓度大时则会使人中毒死亡。

NO_2是光化学烟雾的引发剂之一。光化学烟雾会损害人和动物的健康。人和动物受到的伤害主要有眼睛和黏膜受刺激、头痛、呼吸障碍、慢性呼吸道疾病恶化、儿童肺功能异常等。

酸雨是大气中的污染物二氧化硫经过氧化形成硫酸，随自然界的降水下落形成的。酸雨能使大片森林和农作物毁坏，能使纸品、纺织品、皮革制品等被腐蚀而破碎，能使金属的防锈涂料变质而降低保护作用等。

臭氧有吸收太阳紫外线辐射的特性。臭氧层会保护我们不受到太阳中紫外线的伤害，所以对地球生物来说是很重要的保护层。不过，随着人类活动特别是氟氯碳化物等人造化学物质被大量使用，大气中的臭氧总量明显减少。在南极上空，约有2000万平方千米的区域为臭氧稀薄区，其中14～19 km上空的臭氧量减少50%以上，科学家们形象地将之称为"臭氧空洞"。臭氧水平的持续降低，将会使人类受到过量的太阳紫外线辐射，导致皮肤癌等疾病的发病率显著增加。

针对大气的环境保护，需要大量推广使用环保新技术，实现清洁生产，从生产的源头上控制污染物的产生。环境保护必须从现在做起，从我做起。

第四章　常见无机物及其应用

你知道吗？

汽车尾气净化的方法

一、改变汽车动力

开发电动汽车及代用燃料汽车，从根本上解决汽车尾气污染，使汽车根本不产生或只产生很少的污染气体。

二、改善汽车动力装置和燃油质量

采用设计优良的发动机，例如改善燃烧室结构、采用新材料等方式，减少汽车排气污染，但无法实现"零排放"。

提高燃油质量，优质的燃油在燃烧过程中产生的污染气体相对较少。

三、采用净化技术

（一）机外净化技术

使用汽车尾气净化催化剂：

（1）贵金属净化催化剂：主要选用铂、钯等作催化剂，具有活性高、寿命长、净化效果好等优点，但成本较高，很难广泛推广。

（2）稀土净化催化剂：采用稀土、碱土金属和一些碱金属制备，也有用稀土加少量贵金属制备的催化剂。所用的稀土主要是以氧化铈、氧化锆和氧化镧的混合物为主，其中氧化铈是关键成分，能有效控制尾气排放。

（二）排气前处理

（1）清洗三元催化器：当发动机混合气燃烧不充分时，会产生积碳并附着在三元催化器内部，可能导致堵塞，造成汽车尾气超标。可以用草酸溶液浸泡清洗三元催化器，然后用清水过滤几遍。

（2）清理空气滤清器：空气滤清器的作用是滤除空气中的微粒杂质。若长期不清理或不更换，会因堆积杂质而不能有效滤除悬浮颗粒物，导致发动机加速磨损和积碳，进而使汽车尾气超标。所以当污染积累到一定程度时需要进行清理。

（3）深度清洗发动机：如果清洗三元催化器和空气滤清器后尾气仍不达标的话，可以深度清洗发动机。这不仅能减少尾气排放量，还能延长发动机使用寿命。

（三）排气后处理

（1）安装尾气催化净化器：从内燃机排出的一氧化碳、碳氢化合物和氮氧化物等废气通过催化净化器转化为二氧化碳、氮气和水。例如汽车尾气处理用陶瓷触媒转化器，当废气通过还原性蜂窝瓷时，氮氧化物首先被分解为氮气和氧气；当废气进一步通过氧化性蜂窝瓷时，一氧化碳和碳氢化合物被进一步氧化成二氧化碳及水，前一阶段产生的氧气亦有助于此类氧化反应的进行，特别是高压缩比的发动机，由于排放的氮氧化物浓度较高，在还原反应中产生的氧气浓度亦明显提高。

(2) 采用其他的排气后处理装置：例如在汽车排气系统中安装各种净化装置，采用物理、化学方法减少排气中的污染物，从而达到净化汽车尾气的目的。

四、发动机的调试

(1) 减少喷油提前角：可降低发动机工作的最高温度（1500摄氏度），使 NO_x 的生成量减少。

(2) 改善喷油器的质量：控制燃烧条件（燃比、燃烧温度、燃烧时间），使燃料燃烧完全，从而减少 CO、CH 和煤烟。

(3) 调整喷油泵的供油量：可降低发动机的功率，使雾化的燃料有足够的氧气进行完全燃烧，从而减少 CO、CH 和煤烟的生成。

> **思考**
>
> 调查所在城市的水污染情况，调查当地有关部门对水污染排放采取的措施。

六、氟、碘与人体健康

看一看

含碘的海带 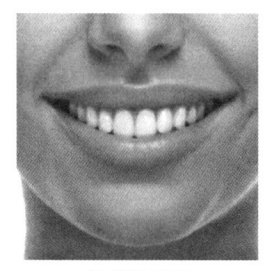　　　　　　　健康的牙齿

氟、碘与人体健康

想一想

1. 缺碘为什么会甲状腺肿大？
2. 氟对牙齿有什么作用？

1. 氟

氟是人体内非常重要的微量元素之一，是形成坚硬骨骼的必要元素之一，缺氟可能导致骨骼变脆，从而增加骨折的风险。同时，氟能够维持牙齿结构的稳定性，有助于提高牙釉质

的坚硬度,有效防止龋齿的发生。

氟主要通过膳食或饮水摄取,大约75%～90%的氟由胃和肠道吸收进入血液。氟主要通过肾脏排泄,每天摄入的氟约有50%通过尿液排出,少量则通过粪便和汗液排出。

在低氟地区,人们更容易患上龋齿。此外,老年人因氟摄入不足可能会增加骨质疏松症的发病率。摄入过量的氟可能会导致氟中毒,症状包括记忆力减退、精神不振、失眠和易疲劳等。儿童摄入过量氟可能会出现智力发育障碍。氟斑牙和氟骨症也是氟过量的表现。

综上所述,氟对人体的健康至关重要,不仅对于骨骼和牙齿的健康有着不可或缺的作用,而且适量摄入还能预防一些疾病。

2. 碘

甲状腺激素是人体内非常重要的激素之一,有促进生长发育、参与脑发育、调节新陈代谢等生理功能。碘是人体合成甲状腺激素的重要原料,甲状腺每天都需要碘合成甲状腺激素。在碘摄入停止的情况下,体内储备的碘仅够维持2～3个月。人体内的碘完全依赖自然环境供应,一旦缺乏,就会造成甲状腺激素合成不足,导致一些临床或亚临床症状,如无力、精力(体力和脑力)不足、精神不集中、易疲劳、工作效率下降等。缺乏碘还会导致甲状腺肿大,俗称"大脖子病"(如图 4-31 所示)。碘缺乏最主要的危害是影响胎儿和 0～3 岁婴幼儿的脑发育和体格发育,对他们造成不可逆的损伤。可通过食用加碘盐(含碘酸钾 KIO_3)这一简单、安全、有效和经济的补碘措施,来预防碘缺乏病。海洋生物(如海带、紫菜、海鲜鱼、干贝、淡菜、海蜇、龙虾等)含碘量很高,因此我们在日常生活中应经常食用海洋生物来补充碘。

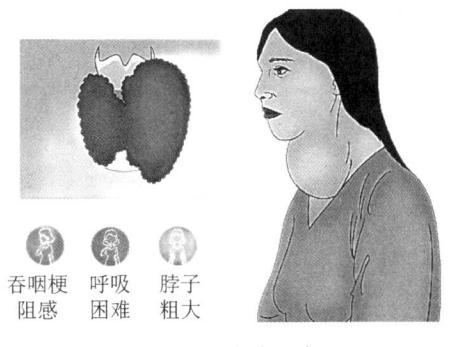

图 4-31 "大脖子病"

思考

你知道人体中有哪些微量元素吗?它们对机体的正常代谢和生存有着什么样的作用?

七、用途广泛的无机非金属材料

看一看

水泥 　　　　　　玻璃 　　　　　　陶瓷

无机非金属材料用途示例

想一想

查阅资料，了解高温结构陶瓷的性能及应用领域。

无机非金属材料是以某些非金属元素的氧化物、碳化物、氮化物、卤素化合物、硼化物以及硅酸盐、铝酸盐、磷酸盐、硼酸盐等物质组成的材料，是与有机高分子材料和金属材料并列的三大材料之一。无机非金属材料主要以硅的氧化物及硅酸盐的形式存在，部分硅的自然分布如图4-32所示。

图4-32 硅的自然分布

无机非金属材料通常根据其组成、性质和用途进行分类，划分为传统和新型无机非金属材料两大类。

1. 传统无机非金属材料

传统无机非金属材料是工业和基本建设所必需的基础材料，主要是硅酸盐材料，包括玻璃、水泥和陶瓷等。这些材料在历史上就已存在并广泛应用于建筑和日常生活。

水泥由石灰石、黏土和石膏等原料烧制而成，主要用于混凝土和砂浆。

陶瓷以硅酸盐为基础，经过高温烧结，具有良好的耐热、耐磨和绝缘性能，常用于餐具、卫生洁具和建筑材料等。

2. 新型无机非金属材料

新型无机非金属材料是20世纪中期以后才发展起来的,是具有特殊性能和用途的材料。新型无机非金属材料是一种以无机非金属元素(如硅、碳、氮、硼等)为主体的非金属材料,根据其组成和结构,可以分为陶瓷、玻璃、石墨烯、碳化物等不同类型。它们是现代新技术、新产业、传统工业技术改造、现代国防和生物医学所不可缺少的物质基础。

我国无机非金属新材料工业的发展始于20世纪50年代。这一时期的无机非金属材料研究主要是为了配合研制"两弹一星"。这一举措标志着无机非金属新材料工业在我国正式起步。随着时间的推移,无机非金属新材料工业逐渐现代化,进入了重要发展规划机遇期。这些新型无机非金属材料和产品具有轻质、高强、耐磨、抗腐、耐高温、抗氧化以及特殊的声、光、电、磁等一系列优异的综合性能,在国民经济和国防工业中扮演着至关重要的角色,被誉为"国民经济和国防工业的粮食"。

你知道吗?

石墨烯

一、石墨烯的定义

石墨烯是由碳原子以蜂窝状排列形成的具有二维晶体结构的物质。

二、石墨烯的性质

1. 电学性质

石墨烯中的每个原子通过强大的σ键与三个距离最近的邻居相连,为价带提供电子,呈现双极传导,电荷传输是长程弹道的,有大的量子振荡和大的非线性二元磁力,沿平面非常有效地导热和导电。电子穿过石墨烯几乎没有阻力,产生热量少,相比硅基微计算机处理器在室温下执行操作更具优势。

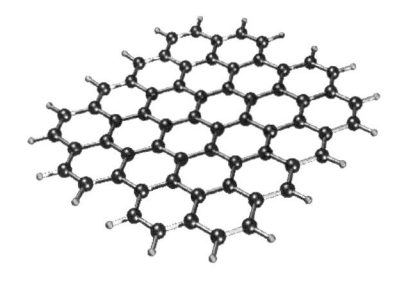

2. 光学性质

石墨烯可强烈吸收所有可见波长,这是其看起来为黑色的原因,但由于极薄,单片石墨烯几乎是透明的。

3. 机械性质

石墨烯比相同厚度的最坚固的钢铁的强度强约100倍。

三、石墨烯的发现历程

1947年,菲利普·华莱士首次探讨了石墨烯的理论,并指出其结构的不稳定性。这是理解石墨电子特性的起点。

2004年,英国曼彻斯特大学的安德烈·盖姆和康斯坦丁·诺沃肖洛夫等科学家首次成功分离出石墨烯。他们使用石墨粉末和胶带,反复剥离石墨层得到单层石墨烯结构。这一发现推翻了"热力学涨落不允许二维晶体在有限温度下自由存在"的认知。2010年,他们两人因对二维材料石墨烯的突破性实验而被授予诺贝尔物理学奖。

四、石墨烯的应用领域

石墨烯由于其独特的物理和化学性质，被广泛应用于电子器件、传感器、储能设备、生物医学方面，化学传感器等领域。

练习题

一、选择题

1. 在下列用途中,利用氮气化学性质稳定的是(　　)。
   A. 与氩气混合充填灯泡　　　　　　　　B. 工业上用于合成氨
   C. 工业上以氮气为原料制硝酸　　　　　D. 液氮作为冷冻剂

2. 下列说法,正确的是(　　)。
   A. 氯气具有刺激性气味　　　　　　　　B. 氯气是黄绿色的,氯化氢也呈黄绿色
   C. 液氯是氯气的水溶液　　　　　　　　D. 氯气有毒,氯离子也有毒

3. 下列不属于氯气用途的是(　　)。
   A. 用于自来水消毒　　　　　　　　　　B. 可以用于生产盐酸
   C. 可以用于漂白纸张　　　　　　　　　D. 用于生产食盐

4. 能使有色布条褪色的物质是(　　)。
   A. 氯水　　　　　　　　　　　　　　　B. 氯化钠溶液
   C. 氢氧化钠溶液　　　　　　　　　　　D. 氯化钙溶液

5. 下列现象的产生与氮氧化物无关的是(　　)。
   A. 臭氧层空洞　　　　　　　　　　　　B. 温室效应
   C. 光化学烟雾　　　　　　　　　　　　D. 酸雨

6. 下列物质制作的容器,常温下不能盛装浓硝酸的是(　　)。
   A. 铝　　　　　B. 铁　　　　　C. 铜　　　　　D. 玻璃

7. 漂白粉的有效成分为(　　)。
   A. HClO　　　　B. $Ca(ClO)_2$　　　　C. $Ca(OH)_2$　　　　D. $CaCl_2$

8. 造成酸雨的罪魁祸首是(　　)。
   A. CO_2　　　　B. SO_2　　　　C. Cl_2　　　　D. CO

9. 实验室制取的气体不能用浓硫酸干燥的是(　　)。
   A. O_2　　　　B. H_2　　　　C. NH_3　　　　D. CO_2

10. 下列气体为红棕色并有刺激性气味的是(　　)。
    A. N_2O_4　　　　B. N_2　　　　C. NO　　　　D. NO_2

二、判断题

1. 把湿润的红色石蕊试纸放在收集试管口,若试纸变蓝色,证明氨气已经收满。(　　)
2. 氮只有 NO 和 NO_2 两种氧化物。(　　)
3. 硫酸是一种高沸点难挥发的强酸。(　　)

4. 二氧化硅是制造光导纤维的重要原料。（　　）

5. SO_2的漂白作用实质上是它能与某些有色物质化合生成无色物质,这种物质受热和光照容易分解而使有色物质恢复原来的颜色,因此这种漂白不稳定。（　　）

6. 稀释浓硫酸时,千万不能把浓硫酸倒入水中,一定要把水沿着器壁慢慢注入浓硫酸中,并不断搅拌。（　　）

7. 硝酸应盛在棕色瓶中,贮放在黑暗的地方,冷的浓硝酸可盛放在铝制容中。（　　）

8. 液态氨汽化时要吸收很多热量,所以氨可用作制冷剂。（　　）

9. 氨气易溶于水成为氨水,氨水可全部电离成铵根离子和氢氧根离子。（　　）

10. 液态氯化氢叫作盐酸。（　　）

第二节　常见金属单质及其化合物

学习目标

1. 掌握钠、铝、铁等金属单质及其化合物的性质。
2. 了解这些金属及化合物在生产生活中的重要应用。
3. 掌握金属离子的检验方法。

一、常见的金属

看一看

商后母戊鼎　　　汉代铜釜甑　　　鸳莲瓣纹金碗

金属文物示例

想一想

提到金属,你能想到什么?下图中给出了实验室中常见的一些金属物质,你还知道有哪些金属?它们的应用是什么?

化学基础

常见的金属单质

在人类社会发展过程中,已被发现的元素有一百多种,其中近五分之四都是金属元素。它们分布于元素周期表的第二到第七周期中。金属是现代社会经济的重要组成部分,家里的日常生活用品,如锅、锄、刀具等,都由金属材料制得;在国防、建筑、能源和医疗等多个领域中,金属也起着非常重要的作用。常见的金属元素在地壳中的含量由大到小的顺序为:Al>Fe>Ca>Na>K>Mg。我国已探明的金属矿产种类繁多,是世界上金属矿产资源最丰富的国家之一。

金属因具有独特的物理性质,出现在日常生活的各个角落,其主要表现如图4-33所示。

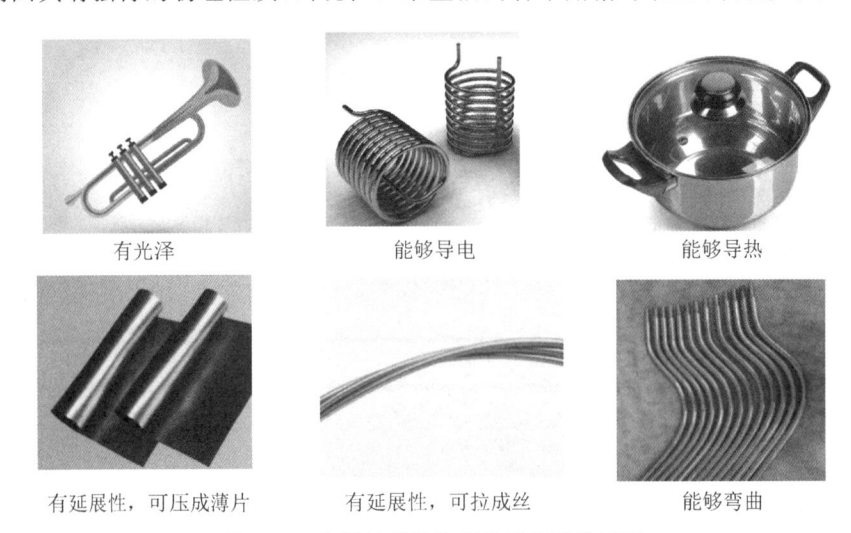

有光泽　　　　　　能够导电　　　　　　能够导热

有延展性,可压成薄片　　有延展性,可拉成丝　　能够弯曲

图4-33　金属的部分物理性质和用途示例

金属除了具有一些共同的物理性质之外,不同的金属还具有各自的特性。如铁、铝、银等金属大多数是银白色,而铜是紫红色,金是金黄色;常温下,绝大部分金属如铁、铝、铜等都是固体,但汞却是液体……不同的金属,其导电、导热、密度、熔点等物理性质差别也较大。表4-4中列出了部分金属物理性质的比较。

表4-4　部分金属物理性质的比较

物理性质	性质大小比较
密度	金>铅>银>铜>铁>锌>铝
熔点	钨>铁>铜>金>银>铝>锡
导电性	银>铜>金>铝>锌>铁>铅
硬度	铬>铁>银>铜>金>铝>铅

你知道吗？

地壳中含量最丰富的金属元素是铝；世界上产量最高的金属元素是铁；人体中含量最高的金属元素是钙；导电、导热性能最好的金属元素是银。

金属的化学性质取决于金属原子的结构特点。金属在和非金属发生化学反应时，主要表现为容易失去最外层的电子而显还原性。由于金属失去最外层电子的难易程度不同，所以不同金属的还原性强弱也不同，在反应中化学活动性也有较大差别。

常见金属单质化学性质较活泼，容易发生化学反应，所以地球上绝大多数金属元素是以化合态而非单质形态存在于自然界中。下面介绍几种常见的金属单质。

（一）钠

钠（Na）位于元素周期表ⅠA族，属于碱金属元素。碱金属元素的原子最外电子层都只有1个电子，很容易失去电子而显还原性，失去电子后变成+1价的阳离子，因此碱金属是最典型的活泼金属。

在自然界中，钠都以化合物的形式存在。例如，我们每天生活都离不开的食盐的主要成分是氯化钠（NaCl）。海水、盐湖水中也有可溶性钠盐：碳酸钠（$NaCO_3$）、硫酸钠（Na_2SO_4）等。

1. 物理性质

钠是具有银白色金属光泽的固体，熔点为97.8 ℃，沸点为883 ℃，密度（0.971 g/cm³）比水小，但大于煤油，一般储存在煤油中。钠的质地较软，可用小刀切割取样。

【演示实验4-8】

用镊子从试剂瓶中轻轻取一小块金属钠，用滤纸将其表面附着的煤油吸干，用小刀轻轻切下一小块钠，观察钠切面的光泽和颜色，如图4-34所示。

钠保存在煤油中 　　　　　小刀切割钠

图 4-34　钠的物理性质

观察实验现象，将实验结果记录到下表。

颜色	状态	硬度	密度

2. 化学性质

(1) 与氧气反应

观察【演示实验4-8】，可以看到，新切开的金属钠表面从有金属光泽到变暗，色泽变化速率很快，这是因为钠表面生成了一薄层氧化物。常温下，钠能与空气中的氧气化合生成白色的氧化钠(Na_2O)。

$$4Na + O_2 = 2Na_2O$$

氧化钠在空气中加热时，可以与氧气继续反应，生成比较稳定的淡黄色的过氧化钠(Na_2O_2)。

$$2Na_2O + O_2 \stackrel{\triangle}{=\!=\!=} 2Na_2O_2$$

钠受热后也能够在空气中燃烧（如图4-35所示），直接生成过氧化钠(Na_2O_2)，燃烧时火焰呈黄色。

$$2Na + O_2 \stackrel{\triangle}{=\!=\!=} Na_2O_2$$

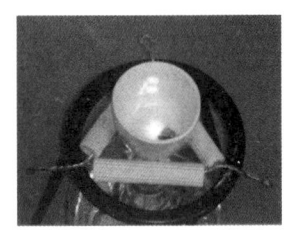

图 4-35 钠的燃烧现象

你知道吗？

过氧化钠(Na_2O_2)是一种具有强氧化性的化合物，它在常温下能与多种物质发生反应。特别地，当它与水(H_2O)或二氧化碳(CO_2)反应时，会生成氧气(O_2)，这一性质使得过氧化钠成为医疗呼吸面具、潜水艇等在紧急情况时的理想氧气来源。

具体来说，过氧化钠与水反应的化学方程式为：

$$2Na_2O_2 + 2H_2O = 4NaOH + O_2\uparrow$$

这个反应表明，每2个过氧化钠分子与2个水分子反应，会生成4个氢氧化钠分子和1个氧气分子。这样，在紧急情况下，人们可以通过呼出的水蒸气与过氧化钠反应，获得所需的氧气。

同样地，过氧化钠也能与二氧化碳反应，生成碳酸钠(Na_2CO_3)和氧气。反应的化学方程式为：

$$2Na_2O_2 + 2CO_2 = 2Na_2CO_3 + O_2\uparrow$$

这个反应不仅提供了氧气，还消耗了二氧化碳，有助于避免在密闭环境中因二氧化碳浓度过高而导致的窒息。

综上所述，过氧化钠因其独特的化学性质，在医疗呼吸面具、潜水艇等需要紧急供氧的场合中发挥着重要作用。

(2) 与水反应

【演示实验4-9】

切下绿豆大小的金属钠块，将其放入滴加酚酞水中，观察钠块反应现象及溶液颜色变化如图4-36所示。

可以看到，钠的化学性质比较活泼，能与水发生剧烈的反应，反应时释放出气体与热量，放出的气体使钠块在水中游动，放出的热量将钠从块状熔成球状，反应后得到的溶液呈碱性（溶液显红色）。钠与水的反应化学方程式如下：

图 4-36　钠与水反应

$$2Na+2H_2O = 2NaOH+H_2\uparrow$$

总结实验可以得到,钠在空气中不稳定,且容易与氧气及水发生反应。因此,实验室里通常将它保存在密度较小的煤油中,以隔绝氧气和水。

> **思考**
> 同样是碱金属的钾,化学性质比钠更活泼,那么钾与水反应又会有怎样的现象呢？

(二) 铝

铝(Al)是地壳中含量最丰富的金属元素,在地壳中的含量为 7.73%,仅次于氧和硅(如图4-37所示)。铝性质活泼,在常温下能与氧气反应。铝主要以化合态形成存在于自然界中。含铝最丰富的矿产是铝土矿。

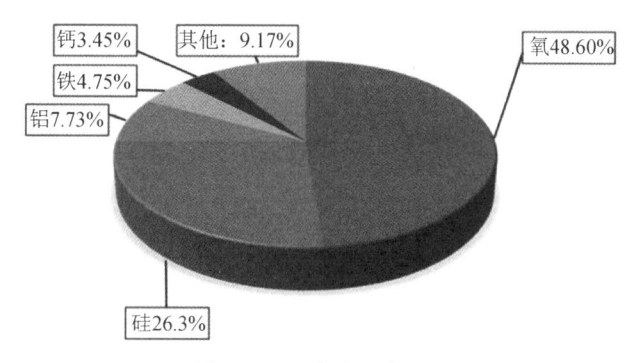

图 4-37　地壳中元素含量

1. 物理性质

铝元素在元素周期表中位于第三周期,属于ⅢA 族。铝是银白色金属,密度为 2.7 g/cm³,熔点为 660 ℃,沸点为 2327 ℃,质地较软,延展性较好。铝具有良好的导电、导热性能,在工业上常用铝代替铜作导线、热交换等材料。铝粉因其具有银白色的光泽,常用来制作涂料,俗称"银粉"。

2. 化学性质

(1) 与氧气的反应

在常温下,铝能够与空气中的氧气反应,在表面生成一层致密的氧化铝薄膜。这层薄膜能够阻止内部的铝继续氧化,进而达到保护内部铝的作用,这种现象叫钝化。因此,铝制品具有一定的耐磨性和抗腐蚀性。把铝放入冷的浓硝酸或浓硫酸中也会发生钝化,因此,浓硝酸或浓硫酸可用铝制的容器储存。

【演示实验 4-10】

将铝条表面用砂纸处理后,用坩埚钳夹住铝条并放在酒精灯上点燃,快速伸入盛有氧气的集气瓶中,观察现象,如图 4-38 所示。

图 4-38 铝的燃烧反应

可以看到,铝条在氧气中剧烈燃烧,并发出耀眼的白光,且冒出白烟。铝因具备这种性质在军事上常用做制造照明弹和燃烧弹的原料。该反应的化学方程式为:

$$4Al + 3O_2 \xrightarrow{\text{点燃}} 2Al_2O_3$$

(2) 与稀酸反应

【演示实验 4-11】

在一支试管中加入 5 ml 稀盐酸,之后加入一小块用砂纸处理后的铝片,观察铝和稀酸反应的现象。

铝和 HCl 或 H_2SO_4 反应生成对应的盐,同时放出氢气,其化学方程式如下:

$$2Al + 6HCl = 2AlCl_3 + 3H_2\uparrow$$

$$2Al + 3H_2SO_4 = Al_2(SO_4)_3 + 3H_2\uparrow$$

(3) 与强碱的反应

铝是两性金属,既可以和酸反应,还可以跟强碱溶液反应(不与弱碱反应),生成偏铝酸盐和氢气。

$$2Al + 2NaOH + 2H_2O = 2NaAlO_2 + 3H_2\uparrow$$

(偏铝酸钠)

> **思考**
> 市场上的一些不法商贩常利用一些锻造技术,将铝制成银圆的外观坑害消费者。李明在古玩收藏市场上购买了一枚银圆,请你利用所学知识帮他鉴别一下这枚银圆是真是假。

(三) 铁

铁(Fe)元素是地壳中含量最丰富的元素之一,总含量居第四位。在自然界中,铁元素有游离态的形式,如陨铁,但绝大部分是以化合态的形式存在,如黄铁矿(主要成分是FeS_2)、磁铁矿(主要成分是Fe_3O_4)、褐铁矿(主要成分是$FeO(OH)\cdot nH_2O$)等。在我们日常生活用品中,也有许多含有铁元素的物质,例如,铁锅、保温杯、补铁保健品等。铁元素还是血红蛋白的重要组成部分,对人体健康而言,具有举足轻重的地位。

1. 物理性质

铁元素在元素周期表中位于第四周期,属于ⅧB族。铁是一种光亮的银白色金属,熔点为1535 ℃,沸点为2750 ℃,密度为7.86 g/cm³,纯铁相对较软,有良好的延展性、导热性、导电性,能被磁铁吸引,具有铁磁性。

2. 化学性质

(1) 与非金属单质反应

在常温下,铁与氧、硫、氯等非金属单质不起显著的反应,因此工业上可用钢瓶存储干燥的氯气和氧气。但在一定的条件下,铁能和氧、硫、氯等非金属单质反应。

$$3Fe+2O_2 \xrightarrow{\text{点燃}} Fe_3O_4$$

$$Fe+S \xrightarrow{\triangle} FeS$$

$$2Fe+3Cl_2 \xrightarrow{\text{点燃}} 2FeCl_3$$

(2) 与水的反应

在高温条件下,铁可以跟水蒸气发生反应,生成四氧化三铁和氢气。

$$3Fe+4H_2O(g) \xrightarrow{\text{高温}} Fe_3O_4+4H_2\uparrow$$

在常温下,单质铁与水不起反应。但含杂质的铁在潮湿的空气里会逐渐生锈,外表生成一层褐色的物质,这是铁和水、氧气发生反应,生产了氢氧化铁。

(3) 与盐溶液的反应

在盐溶液中,铁单质能置换出活泼性相对较差的金属。铁与H_2O、O_2、$CuSO_4$溶液发生化学反应的现象如图4-39所示。

$$Fe+CuSO_4 = FeSO_4+Cu$$

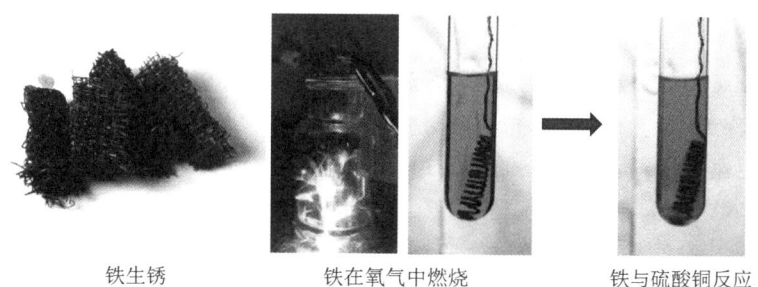

铁生锈　　　铁在氧气中燃烧　　　铁与硫酸铜反应

图4-39　铁与H_2O、O_2、$CuSO_4$溶液反应的现象

(4) 与酸的反应

铁单质能与稀盐酸反应,生成盐和氢气,其化学方程式如下:

$$Fe+2HCl = FeCl_2+H_2\uparrow$$

铁与非氧化性酸发生反应,一般生成二价铁;从铁的价态来看,二价铁既有氧化性也有还原性,如二价铁与锌反应,体现出氧化性,与氯水反应,体现出还原性,其化学方程式如下:

$$FeCl_2 + Zn = ZnCl_2 + Fe$$
$$2FeCl_2 + Cl_2 = 2FeCl_3$$

你知道吗?

《淮南万毕术》记载:"以曾青涂铁,铁赤色如铜",指的是把铁器放在曾青(硫酸铜溶液)中浸泡,可以得到铜器,即曾青得铁化为铜。其实这是因为铁的活泼性大于铜,可以将铜从它的盐溶液中置换出来,也是最早的"湿法冶铜"的记录。

二、常见的金属氧化物和氢氧化物

大多数金属都具有与氧气反应的能力,这是金属的一种基本化学性质。然而,不同金属与氧气反应的难易程度并不相同,这主要取决于金属的活泼性。

活泼金属,如镁和铝,在常温下就能与氧气发生反应。镁与氧气反应会生成氧化镁,而铝与氧气反应则会生成氧化铝。这些反应通常比较剧烈,因为活泼金属的电子较容易失去,与氧气反应形成化学键。

相对不活泼的金属,如铁和铜,在常温下并不与氧气发生反应。但是,当温度升高到一定程度时,这些金属也能与氧气发生反应。铁在高温下与氧气反应会生成氧化铁,而铜则会生成氧化铜。这些反应需要较高的温度才能进行,因为不活泼金属的电子相对较难失去。

还有一些金属,如金,即使在高温下也不与氧气发生反应。这是因为金的电子结构非常稳定,很难失去电子与氧气形成化学键。因此,金是一种非常稳定的金属,不易被氧化。

综上所述,金属与氧气的反应性质主要取决于金属的活泼性。活泼金属在常温下就能与氧气反应,不活泼金属需要高温才能反应,而一些非常稳定的金属如金则即使在高温下也不与氧气反应。

以下介绍几种实验室经常用到的金属氧化物及氢氧化物。

(一)铝的氧化物及其氢氧化物

1. 氧化铝

氧化铝(Al_2O_3)是一种白色的固体,熔点为2054 ℃,硬度极高且难溶于水。在自然界中的氧化铝晶体称为刚玉,耐高温,抗氧化,是一种比较好的耐火材料,常被用来制作成砂轮、研磨盘,也可用作轴承等。氧化铝的部分用途如图4-40所示。

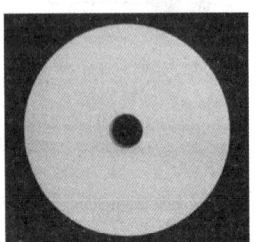

耐火坩埚　　　　蓝宝石　　　　刚玉砂轮

图4-40　氧化铝的应用示例

Al_2O_3是两性氧化物,既能与强酸反应,也能与强碱反应,其化学方程式如下:
$$Al_2O_3 + 6HCl = 2AlCl_3 + 3H_2O$$
$$Al_2O_3 + 2NaOH = 2NaAlO_2 + H_2O$$
(偏铝酸钠)

2. 氢氧化铝[$Al(OH)_3$]

氢氧化铝是几乎不溶于水的白色胶状物质。氢氧化铝在医药上可以治疗胃酸过多症,因其碱性较弱,既可中和胃酸,又不会对肠胃黏膜有刺激或腐蚀,是治疗消化性疾病的常用药。

$Al(OH)_3$是两性氢氧化物,能和强酸或强碱溶液发生反应,其化学方程式如下:
$$Al(OH)_3 + 3HCl = AlCl_3 + 3H_2O$$
$$Al(OH)_3 + NaOH = NaAlO_2 + 2H_2O$$

> **思考**
>
> 铝、氧化铝、氢氧化铝都是两性物质,在不同的条件下可以相互转换,这就是铝三角。你可以参考下图写出对应的化学方程式吗?
>
>
>
> $Al(OH)_3$
>
> $3OH^-$ ↕ $3H^+$ OH^- ↕ H^+
>
> Al^{3+} ⇌ AlO_2^-
>
> $4OH^-$ / $4H^+$
>
>

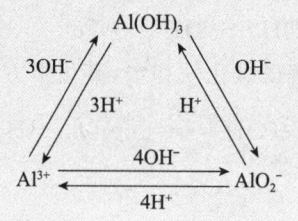

(二) 铁的氧化物和氢氧化物

1. 铁的氧化物

常见的铁的氧化物有氧化亚铁(FeO)、氧化铁(又称三氧化二铁,Fe_2O_3)、四氧化三铁(Fe_3O_4)等。

FeO是一种黑色固体粉末,化学性质不稳定,在空气中加热即可快速被氧化成Fe_3O_4。

Fe_2O_3是一种红棕色固体粉末,俗称铁红,可用作油漆、油墨等颜料的制作。

Fe_3O_4是一种有磁性的黑色晶体,又称磁性氧化铁,在自然界中以磁铁矿的形式存在,是一种复杂的化合物。特制的氧化铁可以用于制造磁带、抛光机和催化剂等。

铁的氧化物都不溶于水,也不与水发生化学反应。FeO和Fe_2O_3属于碱性氧化物,都能和稀盐酸或稀硫酸发生反应,分别生成亚铁盐和铁盐。
$$FeO + 2H^+ = Fe^{2+} + H_2O$$
$$Fe_2O_3 + 6H^+ = 2Fe^{3+} + 3H_2O$$

2. 铁的氢氧化物

铁的氢氧化物有氢氧化亚铁[$Fe(OH)_2$]和氢氧化铁[$Fe(OH)_3$]两种。

$Fe(OH)_2$是一种白色固体,一般由亚铁盐和碱反应得到。$Fe(OH)_3$是一种红褐色固体。这两种氢氧化物都难溶于水。实验证明,$Fe(OH)_2$中的二价铁具有还原性,在空气中不稳定，能快速地被氧化成 $Fe(OH)_3$ 红褐色的沉淀，在氧化过程中，颜色由白色变成灰绿色，最终变为红褐色，其反应现象如图 4-41 所示。

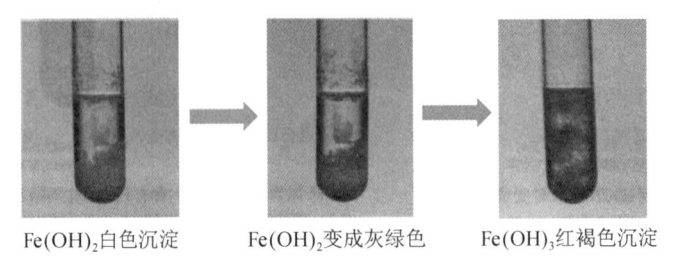

$Fe(OH)_2$白色沉淀　　$Fe(OH)_2$变成灰绿色　　$Fe(OH)_3$红褐色沉淀

图 4-41　$Fe(OH)_2$ 的氧化过程

$Fe(OH)_2$ 在氧化过程中涉及的反应原理如下：
$$4Fe(OH)_2 + O_2 + 2H_2O = 4Fe(OH)_3$$

$Fe(OH)_2$ 和 $Fe(OH)_3$ 都不与碱反应，能与酸发生反应，分别生成亚铁盐和铁盐，其化学方程式如下：
$$4Fe(OH)_2 + 2H^+ = Fe^{2+} + 2H_2O$$
$$Fe(OH)_3 + 3H^+ = Fe^{3+} + 3H_2O$$

$Fe(OH)_3$ 受热不稳定，易分解成氧化铁和水，其化学方程式如下：
$$2Fe(OH)_3 \xrightarrow{\triangle} Fe_2O_3 + 3H_2O$$

你知道吗？

铁单质中铁元素的价态为 0，具有还原性，能与具有氧化性的物质反应生成二价铁或三价铁，得到对应的盐或者氧化物。常见的铁及其化合物如下图所示。

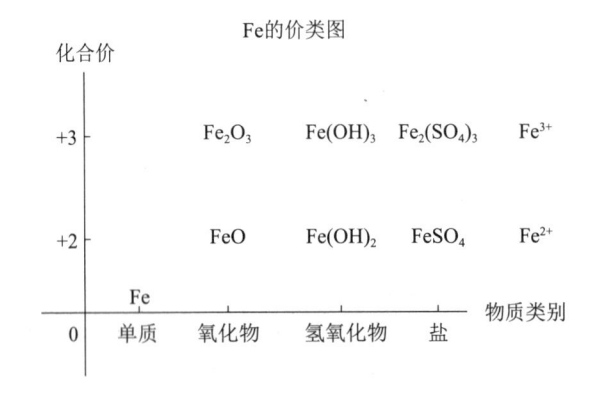

Fe的价类图

化合价	单质	氧化物	氢氧化物	盐	
+3		Fe_2O_3	$Fe(OH)_3$	$Fe_2(SO_4)_3$	Fe^{3+}
+2		FeO	$Fe(OH)_2$	$FeSO_4$	Fe^{2+}
0	Fe				物质类别

三、重要金属离子的检验

（一）焰色试验

多数金属或其化合物在被灼烧时，因其本身的特性都会使火焰呈特殊的颜色，根据火焰呈现的特征颜色，可以判断出试样所含的金属元素。化学上把这样的定性分析操作称为焰色试验。图 4-42 所示为几种金属或金属离子的焰色试验。

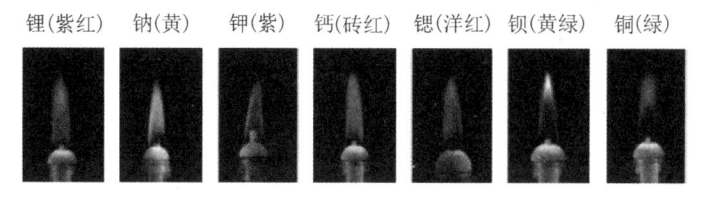

| 锂(紫红) | 钠(黄) | 钾(紫) | 钙(砖红) | 锶(洋红) | 钡(黄绿) | 铜(绿) |

图 4-42　金属的焰色试验

（二）铁离子的检验

Fe^{3+} 遇到 KSCN（硫氰化钾）溶液会变成血红色（如图 4-43 所示），可以用 KSCN 溶液检验 Fe^{3+} 的存在。

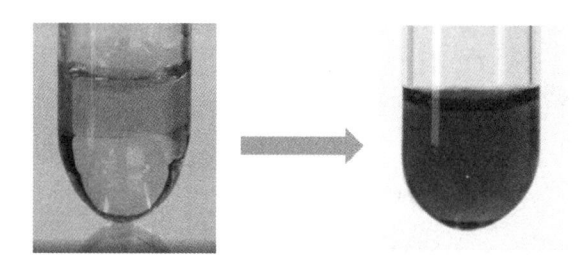

图 4-43　向 $FeCl_3$ 溶液滴加 KSCN 溶液，溶液变成血红色

四、重要的盐

（一）碳酸钠和碳酸氢钠

碳酸钠（Na_2CO_3）俗名纯碱或苏打，白色粉末状，易溶于水，水溶液呈碱性。碳酸钠具有吸水性，固体吸水后出现结块现象。它是一种重要的化工原料，被广泛应用于玻璃制造、造纸、纺织和洗涤剂生产等领域。

碳酸氢钠（$NaHCO_3$）俗称小苏打，是细小的白色粉末，易溶于水。在化工、医药、食品、轻工、纺织等工业领域以及人们的日常生活中都有广泛的应用。

碳酸钠和碳酸氢钠具有一定的相同点，但也存在一定的差异。例如：

① Na_2CO_3 比 $NaHCO_3$ 更易溶于水，但它们的水溶液都因水解而呈碱性。

② Na_2CO_3 和 $NaHCO_3$ 都能与稀盐酸溶液反应放出 CO_2。$NaHCO_3$ 与 HCl 的反应比 Na_2CO_3 与 HCl 溶液的反应要剧烈。因为碳酸钠要结合两个氢离子才能释放二氧化碳气体，而碳酸氢钠结合一个氢离子就能释放出二氧化碳气体。

$$HCO_3^- + H^+ = CO_2\uparrow + H_2O$$
$$CO_3^{2-} + 2H^+ = CO_2\uparrow + H_2O$$

（3）Na_2CO_3 很稳定，而 $NaHCO_3$ 不稳定，受热易分解。

$$2NaHCO \xrightarrow{\triangle} NaCO_3 + H_2O + CO_2\uparrow$$

（二）铁盐与亚铁盐

铁的盐类有亚铁盐和铁盐两种。下面介绍几种常见的亚铁盐和铁盐。

1. 硫酸亚铁

硫酸亚铁是白色粉末，可溶于水，水溶液呈浅绿色。常见的硫酸亚铁晶体（$FeSO_4 \cdot 7H_2O$）含有七个分子结晶水，是淡绿色晶体，又称绿矾，易溶于水。绿矾应用广泛：在医药领域，常用于治疗缺铁性贫血；在农业领域，是一种常用的铁肥，可提高农作物的生长速度和产量，可防治小麦黑穗病和条纹病等；在工业上，可用于颜料制造，具有良好的着色能力和稳定性，也可用于木材防腐。

2. 氯化铁

氯化铁（$FeCl_3$）是黑棕色晶体，有很强的吸水性，且易溶于水。从水溶液中析出时，带6个结晶水（$FeCl_3 \cdot 6H_2O$）。氯化铁在工业上用于铜、不锈钢等材料的蚀刻试剂；在医疗上用作止血剂，能引起蛋白质的迅速凝聚；在建筑行业可用于制备混凝土，增加混凝土的强度等。

二价铁的化合物，在较强的氧化剂的作用下，会氧化成三价铁的化合物。例如，$FeCl_2$溶液遇氯水会氧化成$FeCl_3$。

$$2FeCl_2 + Cl_2 = 2FeCl_3$$
（浅绿色）　　　（黄色）

三价铁的化合物，在还原剂的作用下，会还原成二价铁的化合物。例如，向$FeCl_3$溶液中加入铁粉，会生成$FeCl_2$。

$$2FeCl_3 + Fe = 3FeCl_2$$
（黄色）　　　（浅绿色）

（三）漂白粉

漂白粉是氢氧化钙[$Ca(OH)_2$]、次氯酸钙[$Ca(ClO)_2$]和氯化钙（$CaCl_2$）的混合物，因其具有强氧化性，常用作消毒剂、杀菌剂，也可用于漂白剂，漂白棉、麻等衣物。

漂白粉的有效成分是次氯酸钙。次氯酸钙与稀酸，或吸收空气里的二氧化碳和水蒸气发生反应，生成具有强氧化性的次氯酸（$HClO$），起漂白和杀菌作用，其化学方程式如下：

$$Ca(ClO)_2 + 2HCl = CaCl_2 + 2HClO$$
$$Ca(ClO)_2 + H_2O + CO_2 = CaCO_2 \downarrow + 2HClO$$
$$Ca(ClO)_2 + H_2O + CO_2 = CaCO_2 \downarrow + 2HClO$$

（四）铵盐

铵盐是指含有铵离子（NH_4^+）的一类化合物。铵离子是由氨分子（NH_3）与一个氢离子（H^+）结合形成的。铵盐通常由铵离子与各种阴离子结合而成，例如氯离子（Cl^-）、硫酸根离子（SO_4^{2-}）、硝酸根离子（NO_3^-）等。

大多数铵盐在水中是可溶的。在溶解过程中，铵盐发生电离，生成铵离子和相应的阴离子。同时铵盐的电离需要吸收热量，会导致溶液的温度降低。

铵盐与碱共热能够释放出氨。实验室可利用这一特征进行铵盐的检验，其化学方程式如下：

$$(NH_4)_2SO_4 + 2NaOH \xrightarrow{\triangle} Na_2SO_4 + 2NH_3\uparrow + 2H_2O$$

铵盐在水溶液中会表现出酸性，因为铵离子（NH_4^+）会与水分子发生水解反应，生成氢离子（H^+）和一水合氨（$NH_3 \cdot H_2O$）。

在农业领域，铵盐可以作为氮肥，如硝酸铵和硫酸铵，为植物提供氮元素，促进植物生长和发育。在化工工业领域，氯化铵用于制备其他铵盐和有机化合物。在电池制造领域，氯化铵用作碳锌干电池的电解质。

> **思考**
> 实验室有两瓶 Na_2CO_3 比 $NaHCO_3$ 试剂，因保存不当标签脱落了。你能设计出合适的方法将它们区分开吗？

五、重金属污染与防治

重金属污染是一个严重的环境问题，主要由重金属或其化合物在环境中的不当释放和积累所引起。

首先，粗放型采矿是一个重要的重金属污染源。在采矿过程中，大量的重金属会随着矿石的开采和加工而释放到环境中，包括土壤、水体和大气。这些重金属可能通过风化、淋溶等自然过程进一步扩散和积累，对生态环境造成长期影响。

其次，工厂排放不达标的废气和污水也是重金属污染的重要污染源。一些工厂在生产过程中使用重金属作为原料或催化剂，而这些重金属往往难以完全回收和处理。因此，在废气和污水排放过程中，重金属可能会随之进入环境，对周围生态系统和人类健康构成威胁。

此外，使用重金属制品也是导致重金属污染的原因之一。例如，一些金属制品在使用过程中可能会磨损或腐蚀，从而释放出重金属离子。这些离子可能通过渗透、扩散等途径进入土壤和水体，进而被生物体吸收和积累。重金属对人体的损害如图4-44所示。

因此，为了减轻重金属污染的影响，我们需要采取一系列措施。这包括加强环境监管和执法力度，确保工厂和采矿企业遵守环保法规；推广清洁生产和循环经济模式，减少重金属的使用和排放；加强重金属污染治理和修复技术的研发和应用；以及提高公众的环保意识和参与度，共同维护我们的生态环境。

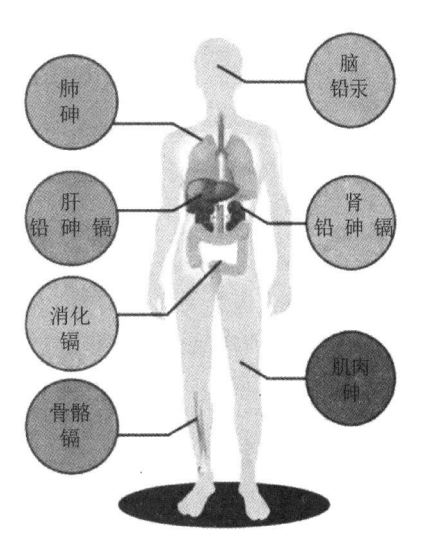

图 4-44 重金属对人体的损害示例

六、合金的应用

在日常生活中，钢铁是使用最多的金属材料。你知道钢是如何生产的吗？其实，钢是含有少量碳及其他金属或者非金属的铁。就好像厨师炒菜时，会加入不同的调料使菜的口味和营养价值得到提升。合金就是在金属中加热熔合一种或几种其他元素（金属或者非金属)后得到的具有金属特征的物质。

由于合金的优良特性,在实际生活中有着广泛的应用。下面介绍几种合金的性质和用途。

(一) 铁合金

铁合金在工、农业生产和日常生活中用途较广,主要材料一般都是铁和碳的合金。目前铁碳合金应用最广的是生铁和钢两种。生铁和钢在性能上有很大差异:生铁硬度大、抗压、性脆,可铸造成不同的工具模型;钢有良好的延展性,机械性能好,广泛应用于交通工具及机械(如图4-45所示)制造。

长江大桥　　　　　军用坦克

图 4-45　铁合金的应用

铁碳合金因加入不同的元素,会相应地呈现出不同的性能,如表4-5所示。生铁和钢的主要区别是它们的含碳量不同。

表 4-5　铁碳合金中不同元素的作用

合金元素	主要作用
硅(Si)	改善硬度和强度,并提高合金抗氧化性
铬(Cr)	提高合金耐磨性和抗氧化性
镍(Ni)	增加合金在低温下的韧性
锰(Mn)	增加合金的强度和韧性
钼(Mo)	提高高温时合金的硬度;降低脆性
钨(W)	提高强度和硬度及耐磨性

生铁的含碳量在 $2\%\sim4.3\%$ 之间,除含碳外,还含有硅、锰、硫、磷等。硅可以改善生铁的铸造和切削性能;锰可以增强铁的强度和硬度;硫可以增加生铁的热脆性;磷可以增加生铁抵抗大气腐蚀的能力。

钢的含碳量在 $0.03\%\sim2\%$,除碳外,还含有铬、镍、硅、锰钼、钒等元素。不锈钢就是铁碳合金熔合铬、镍等元素后制得。钢具有一定的弹性、塑性、强度和硬度等机械性能,在钢中加入一种或几种其他金属或非金属元素后,钢的性质发生定向的变化。长江大桥及军用坦克就是以钢为主材料进行建造生产的。

(二) 铝合金

纯铝金属的硬度和强度较低,不适合直接用来制作机器零件。向铝中加入少量金属元素后,可制得铝合金。铝合金是航空、建筑、汽车等多种重要工业发展所必需的材料;按性能和用途不同划分,铝合金可分为防锈铝、硬铝、超硬铝等。

防锈铝是铝与锰或镁等元素熔合而成,可热处理但不可强化合金,只能通过冷加工来强化,具有中等强度、良好的塑性和抗蚀性。硬铝是一种由铝和铜、镁、锰、硅熔合得到的强度高、高耐热性材料。超硬铝是铝中加入锌、铜、镁熔合后的合金,密度小、强度高,且具有较强的热交换和抗腐蚀能力,主要用于航空工业,是制造飞机和宇宙飞船的主要结构材料。我国高铁列车、大型客机及阳光房都使用了铝合金材料(如图 4-46 所示)。

高铁　　　　　飞机　　　　　阳光房

图 4-46　铝合金的应用示例

(三) 铜合金

我国历史上出现最早的金属武器和器具,就是青铜器。它是一种主要含铜、锡、铅等元素的合金材料。青铜因良好的强度和塑性、耐磨性、耐腐蚀性,目前的工业生产中主要用作轴承、蜗轮等制作。黄铜主要含铜和锌,有良好的强度和可塑性,易加工、耐腐蚀,主要用于制作观赏器件和日用品。白铜主要含铜、镍和锌,它不容易生铜绿,常用于制作仪器和装饰品。铜合金的部分应用如图 4-47 所示。

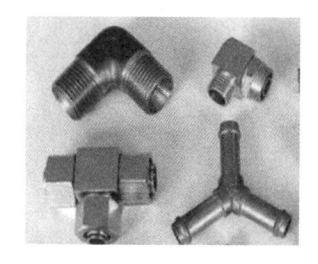

铜合金轴承　　　　黄铜器　　　　铜合金零件

图 4-47　铜合金的应用示例

(四) 钛合金

钛合金是以钛为主要材料熔合其他元素组成的合金。钛合金材料强度高于钢材和铝材,密度比铝还小 10%～15%,具有质量轻、强度大、弹性小、耐高低温和耐腐蚀等特点,在航海、航天、航空、精密仪器、医疗器械、军事工业等领域具有诸多优势及广泛用途。航海航天器主要利用钛合金的高强度、耐腐蚀和耐低温性能来制造各种机体外壳、压力容器和燃料贮箱。人造地球卫星、载人飞船使用钛合金板材焊接件。钛合金的部分应用如图 4-48 所示。

航海船舶　　　　　　太空卫星　　　　　　载人火箭

图 4-48　钛合金的应用示例

你知道吗？

1932 年，瑞典科学家奥兰德（Olander）在观察金镉合金时，首次发现了形状记忆效应。这一发现揭示了某些合金材料具有在特定条件下恢复其原始形状的独特能力。这一发现为后来的材料科学研究开辟了新的方向，形状记忆合金也因此得名。随着材料科学的不断进步和形状记忆合金研究的深入，这类材料的应用前景越来越广阔。未来，形状记忆合金有望在更多领域发挥重要作用，如智能结构、能源存储与转换、环境保护等。同时，新型形状记忆合金的开发也将为材料科学领域带来更多的创新和发展机遇。

练习题

一、单项选择题

1. 实验室的钠一般保存在（　　）。

　A. 稀酸溶液中　　　　　　　　　　B. 密闭容器中

　C. 煤油中　　　　　　　　　　　　D. 水中

2. 在下列性质中，不属于大多数金属通性的是（　　）。

　A. 有银白色光泽　　　　　　　　　B. 有延展性

　C. 有良好的导电性和导热性　　　　D. 有很高的熔点和硬度

3. 在出土的古文物中，金保存完好，铜器表面有锈迹，而铁器锈迹斑斑。这表明金、铜、铁的金属活动性从强到弱的顺序是（　　）。

　A. 金、铜、铁　　　　　　　　　　B. 铁、金、铜

　C. 铁、铜、金　　　　　　　　　　D. 铜、金、铁

4. 下列物质属于两性氢氧化物的是（　　）。

　A. NaOH　　　　B. $Al(OH)_3$　　　　C. $Mg(OH)_2$　　　　D. $Ba(OH)_2$

5. 铝制品具有较强的抗腐蚀性，主要是因为（　　）。

　A. 铝的化学性质稳定

　B. 铝在常温时与氧气不反应

　C. 铝具有金属性，也具有非金属性

　D. 铝与氧气反应生成一层致密的氧化物薄膜

6. 在下列条件下,铁最容易生锈的是(　　)。
A. 有氧气存在　　　　B. 有水存在　　　　C. 在潮湿空气中　　　D. 表面有油污

7. 下列关于合金的说法中,正确的是(　　)。
A. 合金的熔点一定比各成分金属低　　　　B. 我国使用最早的合金是钢
C. 生铁的含碳量是 0.03%~2%　　　　　　D. 稀土金属可以用于生产合金

8. 相同质量的两份铝,分别放入足量的盐酸和氢氧化钠中,在同温同压下生成的氢气体积之比是(　　)。
A. 1∶1　　　　　　B. 1∶6　　　　　　C. 2∶3　　　　　　D. 3∶2

9. 下列离子方程式,正确的是(　　)。
A. 氧化亚铁与稀盐酸反应:$FeO+2H^+ \rlap{=}= Fe^{3+}+H_2O$
B. 向氯化亚铜溶液中加入氢氧化钠溶液:$Cu^{2+}+OH^- \rlap{=}= Cu(OH)_2\downarrow$
C. 氯化铁与铜反应:$Fe^{3+}+Cu \rlap{=}= Fe^{2+}+Cu^{2+}$
D. 向氯化亚铁溶液中通入氯气:$2Fe^{2+}+Cl_2 \rlap{=}= 2Fe^{3+}+2Cl^-$

10. 要想证明溶液中是否存在 Fe^{3+},下列操作正确的是(　　)。
A. 加入铁粉　　　B. 滴加 KSCN 溶液　　C. 通入氯气　　　D. 加入铜片

二、判断题

1. 钠是一种金属,所以很坚硬,而且具有良好的导热导电性。　　　　　　　　　　(　　)
2. 金属中存在的化学键和离子化合物类似,是金属原子之间电子转移所形成的。　(　　)
3. 铝热法用来焊接钢轨,主要是铝在高温下可以置换出铁,并生成氧化铝,液态铁添加在钢轨的缝隙中。　　　　　　　　　　　　　　　　　　　　　　　　　　　　(　　)
4. 铁在氧气中灼烧,会生成一种红色三氧化二铁。　　　　　　　　　　　　　　(　　)
5. 金属氧化物一定是碱性氧化物。　　　　　　　　　　　　　　　　　　　　　(　　)

三、简答题

1. 解密铁锈的性质

问题:铁锈中的铁有什么特点?

实验推理及操作:

(1) 溶解铁锈,铁生锈是因为在空气中发生了氧化,选择稀盐酸进行溶解;

(2) 向试管中加入一定量稀盐酸,之后将一枚生锈铁钉放入试管并浸入在盐酸;

观察铁锈是否反应:_____。

验证实验结果:

(3) 在反应结束后,向试管中滴加 2~3 滴 KSCN 溶液,振荡试管。

观察试管中的现象:_____。

结论:_____。

2. 实验探究补铁剂中的铁

铁是人体中血红蛋白的重要组成元素,如果人体出现缺铁性贫血,可以服用补铁剂口服液来调养身体,那么补铁剂口服液中的铁有什么特点?

为了探究补铁剂中铁的形态,我们进行了以下实验。

假设一:补铁剂中铁是单质。

实验验证:我们可以使用磁铁对补铁剂进行吸引,观察是否有固体被吸引。因为铁单质是能被磁铁吸引的。

结论:_____。

假设二:补铁剂中铁是三价铁。

实验验证:我们取补铁剂口服液 10 mL 转移至试管中,加入少量蒸馏水稀释,振荡后加入 2~3 滴 KSCN 溶液。KSCN 溶液与三价铁反应会生成血红色的络合物。

结论:_____。

3. 探究不同铁的化合物之间的关系

有三种金属单质 A、B、C,其中 A 的焰色反应为黄色,B、C 是常见金属,且 C 的合金用量最大。三种金属单质 A、B、C 与气体甲、乙、丙及物质 D、E、F、G、H 之间发生如下转化关系,请根据以上信息回答下列问题:

(1) 写出下列物质的化学式:A_____、H_____、乙_____,C 的一种氧化物是具有磁性的黑色晶体,该氧化物的化学式是_____。

(2) 检验溶液 G 中阳离子的方法是:_____;

(3) 写出①反应的方程式:_____。

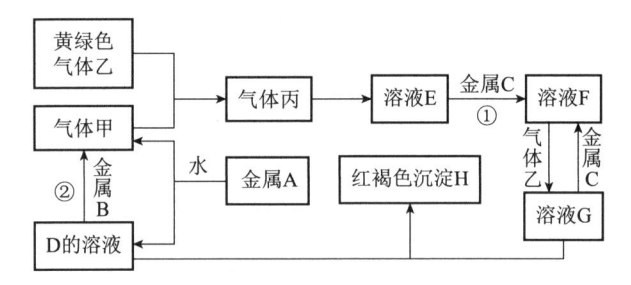

本章知识点总结

一、非金属单质及其化合物

分类	物质	性质
单质	Cl_2	具有氧化性,能够水、碱、金属以及非金属发生反应
	S	具有氧化性和还原性
	N_2	稳定性较好,可用作保护气,是空气的主要成分
化合物	氧化物	SO_2、SO_3:能够与水反应生成对应的酸
		NO、NO_2:大气污染物成分之一
	氢化物	NH_3:极易溶于水,能够与水、氧气、酸等发生反应
		HCl:易溶于水,能够与碱发生反应
		H_2S:有剧毒,具有还原性
	含氧酸	H_2SO_4:有酸的通性、氧化性、脱水性、吸水性
		HNO_3:有酸的通性、氧化性、易挥发

二、金属单质及其化合物

分类	物质	性质	常见的反应及用途
单质	Na	银白色的金属，熔点低、密度小、质软，良好的导电、导热性	与氧气反应 与水反应
	Al	银白色金属，质软，熔点高，良好的导电导热性，延展性好	与非金属反应 与酸反应 与碱反应
	Fe	银白色金属，熔点高，密度大，有良好的延展性和导电性，具有铁磁性	与非金属单质反应 与水反应 与酸反应
化合物	铝的氧化物	Al_2O_3 两性氧化物	与酸反应 与强碱反应
	铝的氢氧化物	$Al(OH)_3$ 两性氧化物	与酸反应 与强碱反应
	铁的氧化物	FeO 和 Fe_2O_3 碱性氧化物	与酸反应
	铁的氢氧化物	$Fe(OH)_2$ 和 $Fe(OH)_3$	与酸反应
	重要的盐	碳酸钠（纯碱、苏打）	具有热稳定性；广泛应用于玻璃制造、造纸、纺织和洗涤剂生产
		碳酸氢钠（小苏打）	受热易分解成碳酸钠；作抗酸药、发酵粉
		铁盐与亚铁盐	二价铁可被氧化成三价盐；三价铁可被还原成二价盐
		漂白粉	用于杀菌、消毒和食品防腐

第五章 简单有机化合物及其应用

第一节 有机化合物的特点与分类

学习目标

1. 理解有机化合物的基本概念：能够描述有机化合物的基本定义，并区分它们与无机化合物。
2. 识别有机化合物的分子结构特征：了解有机化合物的分子结构，特别是碳原子的成键方式和分子的几何形状。

看一看

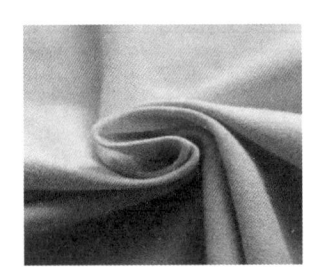

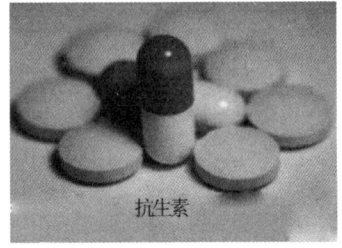

生活中常见的有机化合物示例

想一想

有机化合物在维持生命、改善生活和推动工业发展中有什么作用？

一、有机化合物的概念

有机化合物，通常简称为有机物，是一类以碳原子为核心组成的化合物。碳原子能够通过共价键与其他碳原子或多种不同元素（如氢、氧、氮、硫、磷等）连接，形成具有复杂结构和功能的分子。

二、有机化合物的特点

与无机物相比,大多数有机化合物都具有容易燃烧、不导电,熔点和沸点低、难溶于水而易溶于有机溶剂、反应速率慢等特点。有机物的化学反应复杂,反应过程中常常伴有副反应发生。

三、有机化合物的分类

1. 按碳骨架分类

按碳骨架分类,有机化合物可分为链状有机化合物和环状有机化合物。

① 链状有机化合物:碳原子以链状排列,可以是直链或分支链。图 5-1 为常见的直链烷烃结构示意图。

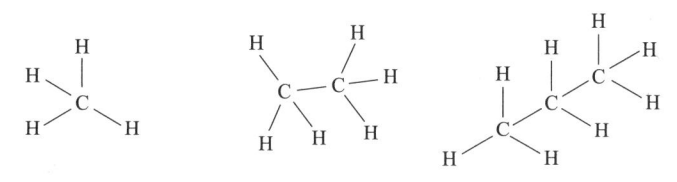

图 5-1 常见的直链烷烃结构

② 环状有机化合物:碳原子形成环状结构,包括芳香环和非芳香环。图 5-2 为常见的环状有机物——苯环的凯库勒式示意图。

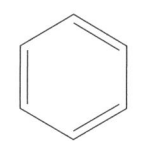

图 5-2 苯环的凯库勒式

2. 按官能团分类

按官能团分类,有机化合物可分为烷烃、烯烃、炔烃等。各类别有机化合物名称按官能团结构分类如表 5-1 所示。

表 5-1 按官能团分类的有机化合物

有机化合物类别	官能团结构	举例	化合物名称
烷烃	—	CH_4	甲烷
烯烃	C=C	C_2H_4	乙烯
炔烃	C≡C	C_2H_2	乙炔
芳香烃	苯环结构	C_6H_6	苯
卤代烃	R—X	CH_3—Cl	氯甲烷
醇	R—OH	C_2H_5—OH	乙醇

续表

有机化合物类别	官能团结构	举例	化合物名称
酚	Ar—OH	C_6H_5—OH	苯酚
醛	R—CHO	CH_3—CHO	乙醛
羧酸	R—COOH	CH_3—COOH	乙酸
酯	R—COO—R'	CH_3—COO—C_2H_5	乙酸乙酯

表 5-1 中的"R"代表烃基,"Ar"代表芳香环,"X"代表卤素。烷烃没有特定的官能团,在表中以"—"表示没有官能团存在。

你知道吗？

在食品保健领域,有机化合物发挥着至关重要的作用。例如,维生素 C(抗坏血酸)是一种天然的有机化合物,广泛存在于水果和蔬菜中,如橙子和草莓。它不仅对人体的健康至关重要,还能作为抗氧化剂延长食品的保质期。此外,维生素 E(生育酚)也是一种常见的有机化合物,常用作食品补充剂,以保护细胞免受氧化损伤。

> 思考
> 1. 为什么维生素 C 和维生素 E 对人体的健康至关重要？
> 2. 维生素 C 和维生素 E 在食品中扮演什么角色？

练习题

一、选择题

1. 下列不是有机化合物共有特点的是(　　)。
   A. 易溶于水　　　　　　　　　　B. 碳链结构多样
   C. 官能团决定化学性质　　　　　D. 化学反应类型丰富

2. 下列官能团的特征反应是加成反应的是(　　)。
   A. 羟基(—OH)　　　　　　　　　B. 羧基(—COOH)
   C. 醛基(—CHO)　　　　　　　　 D. 酯基(—COOR)

3. 以下应用不属于有机化合物的是(　　)。
   A. 制药　　　　　　　　　　　　B. 塑料制造
   C. 钢铁冶炼　　　　　　　　　　D. 合成纤维

二、判断题

1. 所有有机化合物都含有碳元素。(　　)
2. 有机物的化学反应通常比无机物简单。(　　)
3. 芳香烃不是有机化合物的一种分类。(　　)

第二节　烃

学习目标

1. 掌握甲烷分子的详细空间结构,包括键角、键长和分子的对称性。
2. 深入理解烷烃的系统命名法,包括主链的确定、取代基的定位、编号原则和命名顺序。
3. 学习烷烃的通式和同系物的概念,了解它们的性质如何随着碳链长度的变化而系统性变化。
4. 探索甲烷和烷烃在工业、能源领域和日常生活中的广泛应用。

一、甲烷及烷烃

看一看

沼泽地的气泡　　　　天然气井的开采现场

存在于自然界中的甲烷

想一想

1. 甲烷作为天然气的主要成分,对天然气的性质有何影响?
2. 甲烷在能源领域有什么重要作用?

(一) 甲烷

甲烷(CH_4)是最简单的烃类化合物,具有正四面体的空间结构。在这种结构中,碳原子位于分子结构中心,四个氢原子分别位于四个顶点,形成四个相等的 C—H 键。电子式显示了碳原子与四个氢原子共享电子形成四个 C—H 键。结构式通常用以表示分子中原子的连接顺序和化学键,而甲烷的结构式简单地表示为 CH_4。球棍模型是一种物理模型,用以展示分子的三维空间结构,其中碳原子用球体表示,而棍子代表化学键。甲烷的球棍模型展示了一个中心的碳原子与四个氢原子以相等的角度和距离连接,构成一个正四面体结构。

甲烷的空间结构、电子式、球棍模型和比例模型如图 5-3 所示。

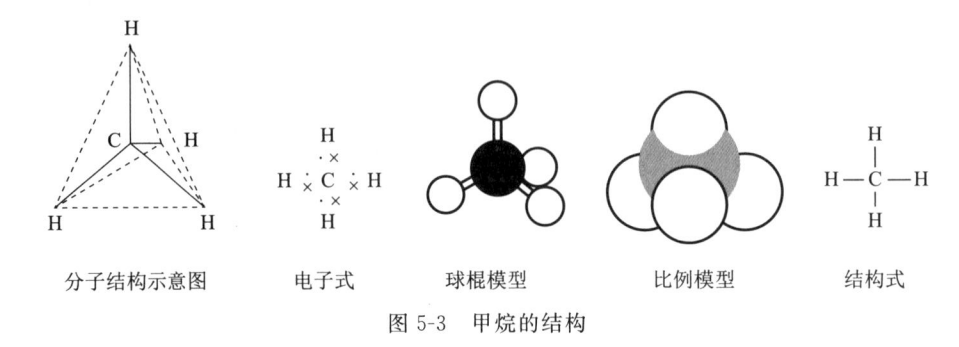

分子结构示意图　　电子式　　球棍模型　　比例模型　　结构式

图 5-3　甲烷的结构

1. 物理性质

甲烷是一种无色、无味的气体,常温下密度约为 $0.717~\text{kg/m}^3$,比水轻,在水中的溶解度非常低。甲烷的熔点为 $-182.5~℃$,沸点为 $-161.5~℃$。

2. 化学性质

(1) 取代反应

取代反应是指有机分子中的一个原子或基团被另一个原子或基团所取代的过程。甲烷的取代反应通常发生在光照或高温条件下,与卤素(如氯、溴)发生反应。例如,甲烷与氯气在光照下发生反应,逐步生成一氯甲烷、二氯甲烷、三氯甲烷和四氯甲烷(四氯化碳),取代反应的化学方程式如下:

生成一氯甲烷:$CH_4 + Cl_2 \xrightarrow{\text{光照}} CH_3Cl + HCl$

生成二氯甲烷:$CH_3Cl + Cl_2 \xrightarrow{\text{光照}} CH_2Cl_2 + HCl$

生成三氯甲烷:$CH_2Cl_2 + Cl_2 \xrightarrow{\text{光照}} CHCl_3 + HCl$

生成四氯甲烷:$CHCl_3 + Cl_2 \xrightarrow{\text{光照}} CCl_4 + HCl$

这些反应是逐步进行的,每一步都可能发生,但反应条件和卤素的浓度会影响最终产物的分布。

(2) 氧化反应

甲烷的氧化反应主要表现为燃烧反应。这是一个剧烈的放热反应,甲烷与氧气反应生成二氧化碳和水:

$$CH_4 + 2O_2 \xrightarrow{\text{点燃}} CO_2 + 2H_2O$$

这个反应通常需要点火源来启动,是甲烷作为燃料的主要用途之一。

3. 用途

① 能源用途:甲烷是天然气的主要成分,作为一种清洁、高效的能源,广泛应用于居民生活和工业生产中的供暖、烹饪和发电。

② 化工原料:甲烷在化工领域中是合成氨、甲醇和其他化学品的重要原料。通过部分

氧化或蒸汽重整,甲烷可以转化为氢气和一氧化碳,进而用于合成其他化合物。

③ 农业用途:甲烷在农业领域中也有应用,例如作为生物气体的一部分,可以通过有机物的厌氧分解产生,用于温室加热或发电,减少温室气体排放。

你知道吗?

可燃冰

可燃冰是天然气水合物的俗称。可燃冰是天然气与水在高压低温条件下形成的类冰状结晶物质,因其外观像冰,遇火即燃,因此被称为"可燃冰""固体瓦斯"和"气冰"。天然气水合物分布于深海或陆域永久冻土中,其燃烧后仅生成少量的二氧化碳和水,污染远小于煤、石油等,且储量巨大,因此被国际公认为石油等的接替能源。

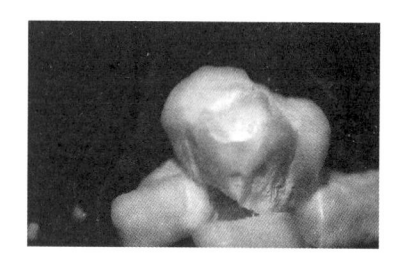

(二) 烷烃

1. 烷烃的通式与同系物

烷烃的通式为 C_nH_{2n+2},其中 n 是正整数,表示碳原子的数量。例如,乙烷(C_2H_6)和丙烷(C_3H_8)是甲烷之后的两个烷烃。它们的球棍模型展示了碳原子之间的单键以及与氢原子的连接。在乙烷的球棍模型中,两个碳原子通过一个单键连接,每个碳原子还分别与三个氢原子相连。烷烃的同系物是指具有相同分子式但结构不同的化合物。

2. 系统命名法

烷烃的命名遵循 IUPAC 规则,具体步骤如下:

① 选择主链:确定最长的连续碳链作为主链。碳原子数在 1 到 10 之间的,依次用甲、乙、丙、丁、戊、己、庚、辛、壬、癸的十个汉字表示,当碳原子数超过十时,用数字十一、十二等表示。

② 编号碳原子:选主链中离取代基最近的一端开始编号,确保取代基的位号尽可能小,并用 1、2、3 等阿拉伯数字表示取代基的编号。

③ 命名取代基:如果存在取代基,按照 1 号碳的取代基、2 号碳的取代基等顺序列出,把取代基写在主链的前面,注意数字与名称间用"—"隔开。

④ 处理分支:对于含有分支的烷烃,选择包含最多分支的最长碳链作为主链,并为每个分支进行编号和命名。当有相同分支的支链时,可以合并起来,用二、三等数字表示支链的个数。

3. 同分异构体

同分异构体具有相同的分子式,但因原子的连接顺序不同,导致它们的物理和化学性质存在差异。例如,丁烷有正丁烷($CH_3CH_2CH_2CH_3$)和异丁烷[$(CH_3)_2CHCH_3$]两种同分异构体,它们的沸点和熔点不同。在命名时,正丁烷表示碳链是直链的,而异丁烷有一个支链。同分异构体的存在是有机化合物多样性的一个重要原因。例如:戊烷(C_5H_{12})的同分异构体包括:

戊烷(直链):$CH_3CH_2CH_2CH_2CH_3$

2-甲基丁烷(一个甲基在2号碳上):$CH_3CH(CH_3)CH_2CH_3$
2,2-二甲基丙烷(两个甲基都在3号碳上):$CH_3C(CH_3)_2CH_3$

4. 烷烃的物理性质通性

随着碳原子数量的增加,烷烃的物理性质会发生系统性变化:如从气态变为液态,再到固态;熔点和沸点随着碳链长度的增加而升高。常见烷烃的物理性质如表5-2所示。

表5-2 常见烷烃的物理性质

烷烃	常温下的状态	沸点/℃	熔点/℃	常温下的密度/g·cm^{-3}
甲烷	气	－161.5	－182.5	0.717
乙烷	气	－88.6	－183.3	0.526
丙烷	气	－42.1	－187.6	0.493
正丁烷	气	－0.5	－138.3	0.603
异丁烷	气	－11.7	－159.9	0.661
戊烷	液	39.7	－129.6	0.676

5. 烷烃的化学性质通性

烷烃的化学性质相对稳定,主要发生氧化反应,如燃烧。在特定条件下,烷烃还可以发生卤化反应。

二、乙烯及烯烃

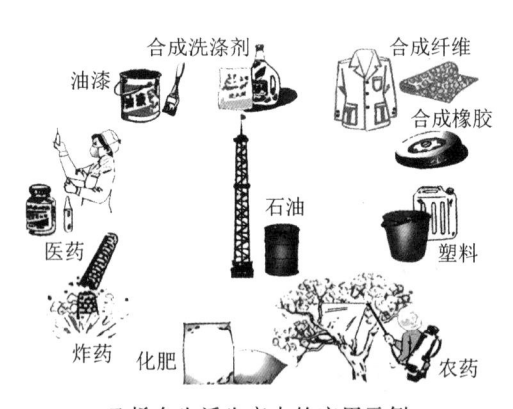

看一看

乙烯在生活生产中的应用示例

想一想

1. 最简单的烯烃是什么?
2. 乙烯在现代工业中的应用有哪些?

（一）乙烯

乙烯（C_2H_4）是最简单的烯烃，具有一个碳碳双键，结构简式为 $CH_2\!=\!CH_2$。乙烯的电子式、结构式和球棍模型如图 5-4 所示。

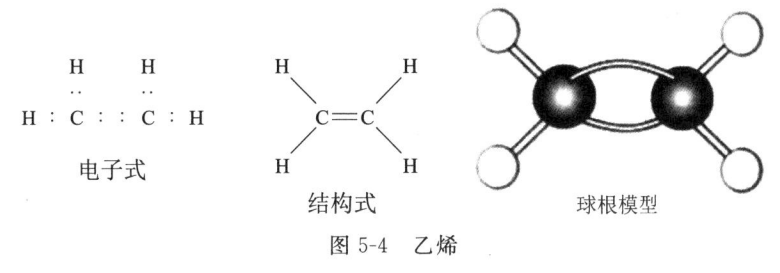

图 5-4　乙烯

1. 物理性质

乙烯是无色略有气味的气体，标准条件下，的密度比水小，在水中的溶解度较低，沸点为 $-103.7\ ℃$。

2. 化学性质

乙烯分子中的碳碳双键使其具有较高的反应活性，能参与多种类型的化学反应，包括加成反应、氧化反应和聚合反应。

（1）乙烯的加成反应

乙烯分子中含有一个碳碳双键，这使得它能够与多种物质发生加成反应。

① 与氢气的加成（氢化）：乙烯与氢气反应生成乙烷，这是一个典型的加成反应，通常需要催化剂（如镍）来促进反应：

$$CH_2\!=\!CH_2 + H_2 \xrightarrow[\triangle]{催化剂} CH_3CH_3$$

② 与卤素的加成：乙烯与卤素（如溴气）反应，双键打开，两个卤素原子分别加到两个碳原子上：

$$CH_2\!=\!CH_2 + Br_2 \longrightarrow CH_2BrCH_2Br$$

③ 与水的加成（水合）：乙烯与水在酸催化下发生加成反应，生成乙醇：

$$CH_2\!=\!CH_2 + H_2O \xrightarrow[加热、加压]{催化剂} CH_3CH_2OH$$

④ 与氢卤酸的加成：乙烯与氢卤酸（如 HCl）反应，生成卤代乙烷：

$$CH_2\!=\!CH_2 + HCl \longrightarrow CH_3CH_2Cl$$

（2）乙烯的氧化反应

氧化反应涉及乙烯分子中碳原子的氧化态增加。

① 燃烧：乙烯的燃烧是一个剧烈的放热反应，生成二氧化碳和水：

$$CH_2\!=\!CH_2 + 3O_2 \xrightarrow{点燃} 2CO_2 + 2H_2O$$

② 催化氧化：在催化剂（如银或铜）的作用下，乙烯可以被氧气氧化生成乙醛：

$$2CH_2\!=\!CH_2 + O_2 \xrightarrow{催化剂} 2CH_3CHO$$

乙烯的氧化反应不仅包括燃烧和催化氧化,还可以通过与强氧化剂如高锰酸钾($KMnO_4$)或重铬酸钾($K_2Cr_2O_7$)等反应来进行。

在与高锰酸钾的氧化反应中,乙烯可以与高锰酸钾溶液发生氧化反应,生成二氧化碳和水,同时高锰酸钾被还原,溶液颜色由紫色变为棕色,这个反应可以用来鉴别乙烯和甲烷。

(3) 乙烯的聚合反应

乙烯可以聚合形成聚乙烯。这是一种应用广泛的塑料材料。

3. 乙烯的用途

乙烯是石油化工行业的重要原料,用于生产聚乙烯、乙二醇、乙烯基氯化物等。乙烯还是一种植物生长调节剂,可用作果实催熟剂。

(二) 烯烃

烯烃是一类含有至少一个碳碳双键的有机化合物的总称。这个双键的存在赋予了烯烃独特的化学性质,使其在工业和实验室中具有广泛的应用。

烯烃的通式为C_nH_{2n},其中n是大于或等于2的整数。这个通式表明烯烃中的氢原子数量是碳原子数量的2倍。

烯烃种类繁多,常见的烯烃如下:

乙烯(C_2H_4):最简单的烯烃,具有一个碳碳双键。

丙烯(C_3H_6):结构简式$CH_2=CHCH_3$,是合成多种聚合物和化合物的原料。

1-丁烯(C_4H_8):结构简式$CH_2=CHCH_2CH_3$,是多种化学反应的底物。

2-丁烯(C_4H_8):结构简式$CH_3CH=CHCH_3$,与1-丁烯是同分异构体。

三、乙炔与炔烃

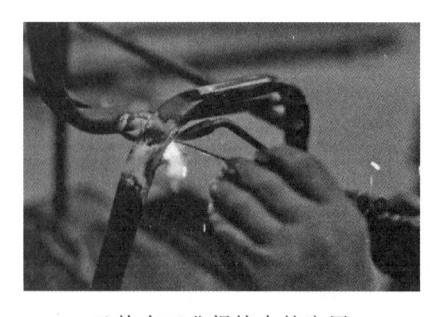

看一看

乙炔在工业焊接中的应用

第五章 简单有机化合物及其应用

> **想一想**
>
> 乙炔作为最简单的炔烃,其结构特点如何影响其性质和应用?

(一) 乙炔

乙炔(C_2H_2)是最简单的炔烃,具有一个碳碳三键,结构简式为 HC≡CH。它是一种重要的工业原料和燃料。

乙炔通常被称为"电石气",因为它可以通过碳化钙(电石)与水反应生成。

乙炔分子由两个碳原子通过一个三键连接,每个碳原子还分别与一个氢原子相连(如图 5-5 所示)。这种线性结构使得乙炔具有高度的反应性。

图 5-5 乙炔球棍模型

1. 物理性质

乙炔是一种无色无味的气体,在标准条件下,密度约为 $0.9\ kg/m^3$,密度比水小,在水中的溶解度极低,沸点为 $-84\ ℃$。

2. 化学性质

(1) 加成反应

乙炔可以与多种物质发生加成反应

① 与卤素的加成:乙炔与氯气在室温下反应生成 1,2-二氯乙烯。

$$HC\equiv CH + Cl_2 \longrightarrow \underset{\underset{Cl}{|}}{H-C}=\underset{\underset{Cl}{|}}{C-H}$$

② 与氢气的加成:乙炔与氢气在催化剂作用下生成乙烯。

$$HC\equiv CH + H_2 \xrightarrow[\triangle]{催化剂} CH_2=CH_2$$

③ 与水的加成(氢化):乙炔与水在高温高压和催化剂作用下生成乙醛。

$$HC\equiv CH + H_2O \xrightarrow[\triangle]{催化剂} CH_3CHO$$

(2) 氧化反应

乙炔可以燃烧,生成二氧化碳和水,放出大量热量。乙炔和空气的混合物易爆炸,使用时应注意安全。

$$2HC\equiv CH + 5O_2 \xrightarrow{点燃} 4CO_2 + 2H_2O$$

乙炔容易被氧化剂氧化,遇高锰酸钾溶液可使其褪色,自身被氧化为二氧化碳。

3. 用途

乙炔主要用于焊接和切割金属，也用于合成醋酸、醋酸乙烯等化学品。

（二）炔烃

炔烃是一类含有至少一个碳碳三键的不饱和碳氢化合物的总称。

炔烃的通式为 C_nH_{2n-2}，其中 n 是大于或等于 2 的整数。这个通式反映了炔烃分子中氢原子数量相对于碳原子数量的 2 倍减少 2 个，这是由于存在一个碳碳三键。

炔烃种类繁多，常见的炔烃如下：

乙炔（C_2H_2）：最简单的炔烃，具有一个碳碳三键。

丙炔（C_3H_4）：结构简式 $CH_3C\equiv CH$，是乙炔的同系物，具有一个甲基和一个碳碳三键。

1-丁炔（C_4H_6）：结构简式 $CH_3(CH_2)_2C\equiv CH$，是丙炔的同系物，具有一个乙基和一个碳碳三键。

2-丁炔（C_4H_6）：结构简式 $CH_3CH\equiv CCH_2$，是1-丁炔的同分异构体，两者碳碳三键位置不同。

四、苯与芳香烃

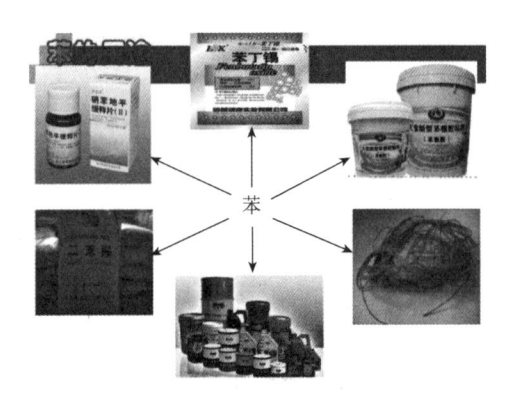

看一看

苯在生活生产中的应用

想一想

苯的化学式为 C_6H_6，其分子结构式是怎样的呢？

（一）苯

1. 物理性质

苯是一种无色至淡黄色的液体，具有特有的甜味芳香气味，不溶于水，但能作为溶剂溶解多种有机物质，在常温下，密度为 0.88 kg/L，沸点为 80.1 ℃。

苯(C_6H_6)是最简单的芳香烃,由六个碳原子和六个氢原子组成,具有在同一个平面的环状结构,碳原子之间交替形成单键和双键(如图 5-6 所示)。

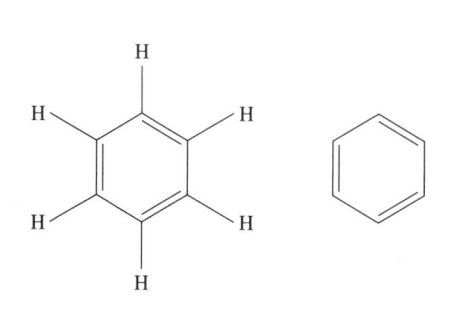

图 5-6 苯不同形态的示意图

2. 化学性质

苯环分子结构中的大 π 键,使苯在化学反应中表现出独特的性质。

(1) 取代反应

苯环上的氢原子可以被其他原子或基团取代,如卤化、硝化和磺化反应。

① 卤化反应:苯与溴在 $FeBr_3$ 催化下生成溴苯:

$$C_6H_6 + Br_2 \xrightarrow{FeBr_3} C_6H_5Br + HBr$$

② 硝化反应:苯在浓硝酸和浓硫酸的混合酸作用下生成硝基苯:

$$C_6H_6 + HNO_3 \xrightarrow[\triangle]{浓硫酸} C_6H_5NO_2 + H_2O$$

③ 磺化反应:在浓硫酸作用下,苯可以发生磺化反应生成苯磺酸:

$$C_6H_6 + 2H_2SO_4 \xrightleftharpoons{\triangle} C_6H_5SO_3H + H_2O$$

(2) 加成反应

在高温高压和催化剂作用下,苯可以与氢气发生加成反应生成环己烷:

$$C_6H_6 + 3H_2 \xrightarrow[\triangle]{催化剂} C_6H_{12}$$

(3) 氧化反应

苯在氧气中燃烧生成二氧化碳和水:

$$2C_6H_6 + 15O_2 \xrightarrow{点燃} 12CO_2 + 6H_2O$$

3. 用途

苯是石油化工中的重要原料,用于制造塑料、合成橡胶、染料、药物、农药等。

(二) 芳香烃

芳香烃是一类含有苯环的碳氢化合物的总称,具有特殊的稳定性。苯环是由六个碳原子组成的环,碳原子之间交替形成单键和双键,形成一个共轭体系。常见的芳香烃有:

苯(C_6H_6):最简单的芳香烃,广泛用于制造塑料、合成橡胶、合成纤维等。

甲苯(C_7H_8):苯环上一个氢原子被甲基取代,常用作溶剂和化工原料。

二甲苯(C_8H_{10}):苯环上连接有两个甲基,存在邻二甲苯、间二甲苯和对二甲苯三种同分异构体。

五、石油与煤

看一看

开采石油和开采煤的现场

想一想

石油和煤作为不可再生能源,如何影响我们的日常生活和工业生产?

石油和煤是两种重要的化石燃料,它们不仅是能源来源,还是化工原料的重要基础。日常生活中许多材料的生产原料都是通过石油的分馏、煤的干馏得到。

(一) 石油的分馏

石油分馏是一个利用不同烃类化合物沸点差异进行分离的过程。原油首先经过脱盐脱水处理,然后在分馏塔中加热至特定温度,使不同沸点的烃类蒸发。这些蒸气上升至塔顶,经过冷却后凝结成液体,根据不同沸点分层收集。这个过程可以得到多种馏分,包括汽油、煤油、柴油等。

① 石油气:最先从分馏塔顶部得到的轻质液体,主要用于生产化学品和作为轻质燃料。
② 汽油:从分馏塔中得到的中间馏分,广泛用作汽车发动机的燃料。
③ 柴油:沸点高于汽油的重质馏分,用作柴油发动机的燃料。
④ 重油:从较重的馏分中得到,包含润滑油、石蜡、沥青等。

(二) 煤的干馏

煤的干馏是在无氧或低氧环境下加热煤,使其分解成固体、液体和气体产品。煤在干馏炉中被加热至约 900 ℃ 至 1100 ℃,这个过程中煤中的有机物质分解,产生焦炭、煤气和煤焦油等。

① 焦炭:是干馏过程中的主要固体产物,具有高热值和良好的还原性,主要用于钢铁冶炼。
② 煤气:包括氢气、甲烷、一氧化碳等,可以作为燃料或化工原料。
③ 煤焦油:含有多种有机化合物,如苯、甲苯、萘等,是化工原料的重要来源。

你知道吗？

页岩油是从页岩层中提取的非常规石油资源。它的开采通常需要水力压裂技术，这是一种通过高压泵将水、沙子和化学物质送到地下，以释放岩石中的油和气的开采方法。页岩油的开采增加了全球石油供应量，并对能源市场产生了重要影响。

练习题

一、选择题

1. 甲烷（CH_4）的空间结构是（　　）。
   A. 线性结构　　B. V 形结构　　C. 正四面体结构　　D. 平面方形结

2. 烷烃的通式是（　　）。
   A. C_nH_{2n}　　B. C_nH_{2n+2}　　C. C_nH_{2n-2}　　D. C_nH_n

3. 以下不是甲烷的物理性质的是（　　）。
   A. 无色无味　　　　　　　　　　B. 密度比空气大
   C. 难溶于水　　　　　　　　　　D. 熔点为 $-182.5\ ℃$

4. 甲烷的主要用途是（　　）。
   A. 化工原料　　B. 农业用途　　C. 主要能源　　D. 食品添加剂

5. 烯烃的通式是（　　）。
   A. C_nH_{2n}　　B. C_nH_{2n+2}　　C. C_nH_{2n-2}　　D. C_nH_{2n+4}

6. 乙烯（C_2H_4）可以发生（　　）。
   A. 取代反应　　B. 加成反应　　C. 氧化反应　　D. 所有以上选项

7. 乙炔（C_2H_2）的俗名是（　　）。
   A. 天然气　　B. 电石气　　C. 水煤气　　D. 石油气

8. 苯的化学性质主要表现为（　　）。
   A. 取代反应　　B. 加成反应　　C. 氧化反应　　D. 所有以上选项

9. 石油分馏的主要产品不包括（　　）。
   A. 石油气　　B. 汽油　　C. 柴油　　D. 煤焦油

10. 煤的干馏过程中不产生（　　）。
    A. 焦炭　　B. 煤气　　C. 煤焦油　　D. 甲烷

二、判断题

1. 甲烷是最简单的烃类化合物，具有线性结构。　　　　　　　　　　（　　）
2. 烷烃的通式为 C_nH_{2n}。　　　　　　　　　　　　　　　　　　（　　）
3. 甲烷在标准条件下是一种无色、无味、密度比空气轻的气体。　　　（　　）
4. 甲烷的氧化反应主要表现为燃烧反应，生成二氧化碳和水。　　　　（　　）
5. 乙烯的加成反应包括与氢气、卤素、水和氢卤酸的反应。　　　　　（　　）

6. 乙炔的沸点比甲烷高。   （   ）
7. 苯环的稳定性来源于其分子结构中的大 π 键系统。   （   ）
8. 石油的分馏过程可以得到多种馏分，但不包括柴油。   （   ）
9. 煤的干馏过程中不产生煤气。   （   ）
10. 石油和煤都是化石燃料，但煤不是化工原料的重要基础。 （   ）

第三节　烃的衍生物

学习目标

1. 认识卤代烃、醇、酚、醛、羧酸等烃的衍生物的结构特点和官能团。
2. 了解溴乙烷、乙醇、苯酚、乙醛、乙酸等烃的衍生物的主要性质及其在生产、生活中的重要应用。
3. 知道消去反应、酯化反应，进一步了解氧化、加成、取代、聚合等有机反应类型。
4. 知道有机化合物之间在一定条件下是可以相互转换的。

在烃类化合物的基础上，通过取代反应，烃的氢原子被其他原子或者原子团所取代，从而生成了包括卤代烃、醇、酚、醛和羧酸等多种烃的衍生物。烃的衍生物的种类很多，下面介绍几种重要的烃的衍生物：溴乙烷、乙醇、苯酚、乙醛、乙酸等。

一、溴乙烷

脂肪烃分子中的氢原子被卤原子取代后生成的产物叫卤代烃，常用通式 R—X 表示，其中 X 为卤原子(F、Cl、Br、I)，是卤代烃的官能团。例如：溴乙烷(CH_3CH_2Br)，可以看作是乙烷分子中的一个氢原子被溴原子取代而形成的化合物，其分子比例模型如图 5-7 所示。

图 5-7　溴乙烷分子的比例模型

1. 物理性质

纯净的溴乙烷是具有挥发性的无色液体，具有类似乙醚的气味，但在露置空气或见光后，会逐渐变为黄色，这可能是由于溴乙烷中的溴原子在光照或空气氧化作用下发生了变化。溴乙烷密度比水大，难溶于水，但易溶于乙醇、乙醚、氯仿等多种有机溶剂。其蒸气有毒,浓度高时还具有麻醉作用,因此,在使用溴乙烷时需要注意安全防护措施,避免吸入其蒸气或接触其液体。

2. 化学性质

卤原子是卤代烃的官能团,在溴乙烷分子中,由于溴原子吸引电子的能力比碳原子强,使碳溴键 C—Br 成为极性较强的共价键,在化学反应中容易断裂而发生各种反应。

(1) 取代反应

在强碱(NaOH 或 KOH)的水溶液共热下,溴乙烷分子中溴原子(—Br)被水分子中的羟基(—OH)取代,生成乙醇,产物 HBr 与强碱反应生成盐:

$$CH_3CH_2-Br + NaOH \xrightarrow[H_2O]{\triangle} CH_3CH_2-OH + NaBr$$

(2) 消去反应

在强碱(NaOH 或 KOH)的浓醇溶液中加热,溴乙烷分子中脱去一分子 HBr 而生成烯烃。

$$CH_2\text{—}CH_2 + NaOH \longrightarrow CH_2=CH_2\uparrow + NaBr + H_2O$$
$$\phantom{CH_2\text{—}CH_2}||$$
$$\phantom{CH_2\text{—}CH_2}HBr$$

这种分子中脱去一些小分子,如 HX、H_2O 等,同时形成碳碳双键的反应叫消去反应。

3. 用途

溴乙烷是许多有机合成反应中的重要原料,在制药工业中,溴乙烷是制造某些药物的关键原料或中间体;在农业领域,溴乙烷主要用作仓储谷物、仓库及房舍等的熏蒸杀虫剂。此外,溴乙烷还可以用于制冷剂、麻醉剂、分析试剂、折光率标准样品等多个方面。

二、乙醇

看一看

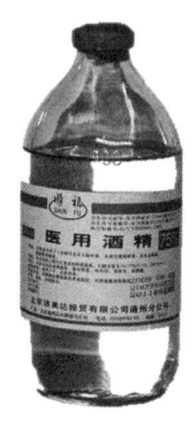

| 医用酒精 | 饮用酒精 |

酒精的用途示例

想一想

你在家里做菜时,有没有用过一种叫作"料酒"的调料?它为什么能让菜肴更加鲜美?料酒的主要成分是什么?

你知道酒精饮料吗?你知道这种饮料里含有多少乙醇吗?为什么不同种类的酒喝起来感觉不一样?

你有没有听说过用玉米、甘蔗等植物原料制成的乙醇燃料?它和汽油有什么不同?为什么人们开始关注乙醇作为可再生能源?

1. 乙醇的结构

醇是烃分子中饱和碳原子上的氢原子被羟基(—OH)取代后的生成物。醇分子由烃基和羟基两部分组成,—OH(又称醇羟基)是醇的官能团。饱和一元醇的通式为 $C_nH_{2n+2}O$。

乙醇俗称酒精,分子式为 C_2H_6O,结构简式为 CH_3CH_2OH 或 C_2H_5OH,结构如图5-8所示。

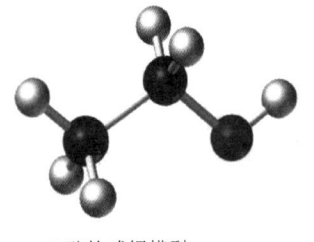

乙醇的球棍模型 　　　　　　乙醇的比例模型

图5-8　乙醇的几种模型

2. 物理性质

纯净的乙醇是无色透明具有特殊香味的易挥发的液体,密度比水小,能与水以任意比互溶,还可以混溶于醚、氯仿、甲醇、丙酮、甘油等多数有机溶剂中。乙醇是一种很好的溶剂,如碘酒就是碘的酒精溶液。在标准大气压下,乙醇的沸点为78.5 ℃,熔点为-117.3 ℃。工业用酒精约含乙醇96%。含乙醇99.5%以上的酒精叫作无水酒精。

检验乙醇中是否有水分,可加入少量无水硫酸铜,如呈现蓝色(生成 $CuSO_4 \cdot 5H_2O$)就表明有水存在。

3. 化学性质

乙醇分子是由乙基(—C_2H_5)和羟基(—OH)组成的,羟基是乙醇的官能团,羟基比较活泼,它决定了乙醇的主要化学性质。

(1) 与金属钠反应

乙醇与金属钠反应,由于乙醇羟基中的O—H键是较强的极性键,氢原子很活泼,容易被活泼金属取代生成乙醇钠,并放出氢气。

$$2CH_3CH_2OH + 2Na \longrightarrow 2CH_3CH_2ONa + H_2\uparrow$$

(2) 与氧气反应

乙醇在空气里能够燃烧,产生淡蓝色的火焰,并释放大量的热。因此,乙醇可用作内燃机的燃料。为了减少环境污染,现在不少汽车都在使用乙醇汽油。实验室里的酒精灯也是用乙醇作为燃料的。

$$CH_3CH_2OH(l) + 3O_2 \xrightarrow{点燃} 2CO_2 + 3H_2O(l) + 1367 \text{ kJ}$$

在金属铜或银催化剂作用下,乙醇在空气中加热,能够被空气中的氧气氧化,生成乙醛。

$$2CH_3CH_2OH + O_2 \xrightarrow[\triangle]{催化剂} 2CH_3CHO + 2H_2O$$

(3) 消去反应

乙醇脱水有两种方式:在较高温度下,170 ℃左右发生分子内脱水(消除反应)生成乙烯;在较低温度下,140 ℃左右发生分子间脱水(取代反应)生成乙醚。例如:

① 分子内脱水:

$$CH_2\text{—}CH_2 \xrightarrow{浓硫酸, 170 ℃} CH_2=CH_2 + H_2O$$
$$\phantom{CH_2\text{—}}||$$
$$\phantom{CH_2\text{—}}HOH$$

② 分子间脱水:

$$CH_3\text{—}CH_2\text{—}OH + H\text{—}OCH_2\text{—}CH_3 \xrightarrow{浓硫酸, 140 ℃} CH_3\text{—}CH_2\text{—}O\text{—}CH_2\text{—}CH_3 + H_2O$$

其他醇的性质与乙醇相似。醇的消除反应速率由快到慢的顺序为:叔醇＞仲醇＞伯醇。

4. 用途

乙醇的用途极为广泛,涉及能源、化工、食品饮料、医药、清洁等多个领域,是一种不可或缺的有机化合物。它既是重要的有机溶剂,又是重要的有机合成原料,可用来制备乙醛、乙醚、氯仿、酯类等。工业上用于生产甲醛、甲胺、有机玻璃等,还可作汽车、飞机的无公害的燃料。75%的乙醇液在医疗领域用作消毒剂。

你知道吗?

乙醇在医疗领域的重要作用

乙醇在医疗领域中扮演着至关重要的角色,其多样化的应用极大地促进了医疗水平的提升。作为最常用的消毒剂之一,尤其是75%浓度的乙醇溶液,能够高效杀灭细菌和病毒,确保在手术、注射及伤口处理过程中保持无菌环境,防止交叉感染。

此外,乙醇还是药物制备中的重要溶剂,能够溶解多种药物成分,参与口服液、酊剂、喷雾剂和药膏等多种剂型的制备,同时促进药物在体内的吸收,提高生物利用度。在特殊医疗用途方面,无水乙醇被用于栓塞治疗,如头皮血管畸形的介入治疗,通过阻断病变部位的血液供应达到治疗效果。乙醇注射液则直接作为药品使用,可用于治疗慢性疼痛、三叉神经痛等疾病。此外,乙醇还用于物理退热和预防褥疮,通过调节浓度和用法,为患者带来舒适和健康的体验。综上所述,乙醇在医疗领域的广泛应用不仅提高了治疗效果,也提升了患者的生活质量。

三、苯酚

看一看

苯酚 　　　　茶多酚

生活中的酚类物质

想一想

削皮后的苹果在空气中容易变黄,你知道是什么原因吗?这个过程中发生了什么反应呢?

(一) 苯酚的结构

羟基与芳环直接相连的化合物叫酚,苯酚(C_6H_5OH)是最简单的酚。酚中的羟基叫酚羟基,酚羟基是酚的官能团,它的结构如图5-9所示。

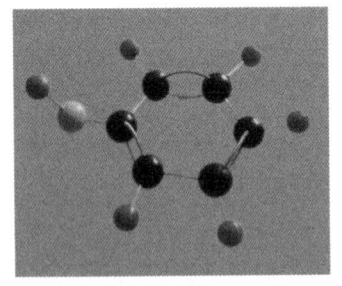

苯酚的球棍模型 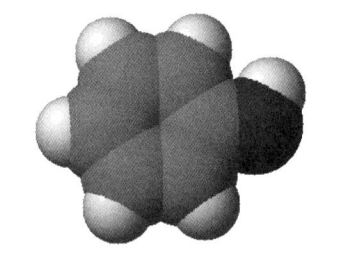　　　苯酚的比例模型 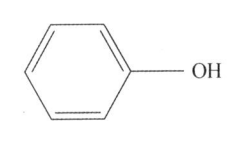　　　苯酚的结构式

图5-9　几种不同结构苯酚的表示方式

(二) 物理性质

苯酚俗称石炭酸,纯净的苯酚是具有特殊气味的无色针状晶体,露置在空气中会发生氧化反应而显粉红色,沸点181.8 ℃,熔点40.8 ℃,常温下微溶于水,当温度高于65 ℃时可与水任意比混溶,易溶于乙醚等有机溶剂。苯酚有腐蚀性,且有毒,它的浓溶液对皮肤有强烈的腐蚀性,使用时要小心,如果不慎沾到皮肤上,应立即用酒精洗涤。

(三) 化学性质

1. 苯酚的酸性

【演示实验 5-1】

把少量苯酚晶体放入一支盛有 10 mL 水的大试管中,用力振荡后得到浑浊液,在浑浊液中滴入少量 1 mol/L 的氢氧化钠溶液,边加边振荡至溶液澄清透明。将溶液分成两份,在一份中滴入少量 1 mol/L 的盐酸,在另一份中通(或吹)入二氧化碳气体,观察实验结果。

实验结果是两份溶液都变浑浊。实验表明,苯酚(C_6H_5-OH)具有弱酸性,而且比碳酸还弱。苯酚常温下难溶于水,但能与氢氧化钠溶液反应,生成易溶于水的苯酚钠(C_6H_5-ONa),但不溶于碳酸钠溶液。

$$C_6H_5-OH + NaOH \longrightarrow C_6H_5-ONa + H_2O$$
(难溶于水) (溶于水)

$$C_6H_5-ONa + HCl \longrightarrow C_6H_5-OH + NaCl$$
(酸性:$HCl > C_6C_5-OH$)

$$C_6H_5-ONa + CO_2 + H_2O \longrightarrow C_6H_5-OH + NaHCO_3$$
(酸性:$H_2CO_3 > C_6H_5-OH$)

2. 苯酚的氧化反应

苯酚在空气中被缓慢氧化呈粉红色,能使 $KMnO$ 溶液褪色。苯酚在催化剂作用下,可被氧化成对苯醌。

3. 苯酚的取代反应

羟基是较强的邻、对位定位基,可使苯活化,因此苯酚的取代反应比苯容易进行,而且反应主要发生在羟基的邻、对位。

【演示实验 5-2】

取一支干净试管,加入 1~2 粒苯酚晶体和 5 mL 蒸馏水,振摇使其溶解后,滴加饱和溴水,观察试管中沉淀的生成。

实验结果表明,苯酚(十万分之一的苯酚溶液)与溴水在常温下,即可作用生成三溴苯酚白色沉淀。

$$\underset{}{\bigcirc}\!\!-\!OH + Br_2 \longrightarrow \underset{Br}{\overset{Br}{\bigcirc}}\!\!-\!OH\,(Br) \downarrow + 3HBr$$

2,4,6-三溴苯酚(白色沉淀)

由于此反应迅速、灵敏、可定量完成,故常用于苯酚的定性和定量分析。

4. 苯酚的显色反应

在盛有少量苯酚溶液的试管中,滴入几滴 $FeCl_3$ 溶液,摇动试管,观察溶液,发现溶液变成了紫色。利用这个反应可检验苯酚的存在。

大多数酚与氯化铁溶液作用能生成带颜色的离子,不同的酚所显示的颜色不同,这种特殊颜色反应,可用于鉴别酚类化合物。

(四) 用途

苯酚作为一种重要的有机化合物,具有广泛的用途。

苯酚是生产酚醛树脂等高分子材料的重要原料。酚醛树脂因其优良的耐热性、耐水性、耐磨性和电气绝缘性,被广泛应用于制造电器材料、绝缘材料、木材加工、涂料等领域。

苯酚具有防腐性,常被用作木材的防腐剂,以延长木材的使用寿命并防止腐朽。

苯酚是合成某些药物的重要中间体,如阿司匹林等。这些药物在解热镇痛、抗炎等方面具有显著疗效。

苯酚的水溶液(如3%~5%的水溶液)可用于器械消毒及排泄物处理,显示出其在医疗卫生领域的应用价值。

你知道吗?

阿司匹林的由来

19世纪末,那是一个科学与工业迅速发展的时代。在拜耳公司的一间实验室里,年轻的化学家费利克斯·霍夫曼正埋头于一项看似平凡却又意义重大的研究——寻找一种更有效、更安全的水杨酸替代品。

霍夫曼的父亲长期饱受风湿病的折磨,每当病情发作时,都需要服用大量的水杨酸钠来缓解疼痛。然而,这种药物具有强烈的胃肠道刺激作用,让父亲苦不堪言。为了减轻父亲的痛苦,也为了造福更多像父亲一样的人,霍夫曼决定踏上这段充满未知与挑战的旅程。

经过无数次的实验与失败,霍夫曼的脑海中突然闪过一个念头:或许可以通过改变水杨酸的化学结构,来降低其副作用并增强其疗效。于是,他将目光转向了当时已经广为人知的有机化合物——苯酚。苯酚,这种从煤焦油中提炼出来的物质,不仅具有独特的化学性质,还展现出了一定的药理活性。

在接下来的日子里,霍夫曼和他的团队夜以继日地工作,不断尝试将苯酚与各种酰化试剂进行反应。终于,在一个阳光明媚的早晨,他们成功地将苯酚与乙酸酐在浓硫酸的催化下缩合,生成了一种全新的化合物——乙酰水杨酸,也就是我们今天所说的阿司匹林。

阿司匹林的问世,迅速引起了医学界的轰动。它不仅保留了水杨酸原有的解热镇痛、抗炎作用,还大大降低了对胃肠道刺激等副作用。更重要的是,随着研究的深入,科学家们还发现阿司匹林具有抑制血小板聚集的功能,这一发现为预防和治疗心血管疾病开辟了新的途径。

如今,阿司匹林已成为全球应用最广泛的药物之一,其历史地位和影响力不言而喻。而当我们回顾这段历史时,不禁要感谢那位勇敢的化学家费利克斯·霍夫曼,以及他在研究中选择的关键原料——苯酚。正是这两者的结合,才铸就了阿司匹林这一医药史上的传奇。

四、乙醛

看一看

桂皮中的肉桂醛 　　　杏仁中的苯甲醛

生活中的醛类物质

想一想

醛类物质对我们的生活有利有弊,你知道有哪些吗?

分子里由烃基(R—)跟醛基(—CHO)相连而构成的化合物叫作醛,R—CHO。其中,醛基(—CHO)是醛的官能团。

乙醛由甲基和醛基组成,结构式为 CH_3CHO。乙醛的结构模型如图 5-10 所示。

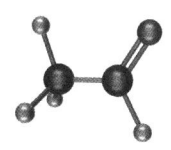

乙醛的球棍模型 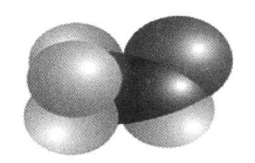　　　乙醛的比例模型

图 5-10　乙醛的结构模型

(一)物理性质

乙醛是一种无色、有刺激性气味、极易挥发且具有刺激性气味的液体,沸点为 20.8 ℃,易燃烧,能溶于水、乙醇、乙醚中。

(二)化学性质

乙醛分子中的醛基官能团对乙醛的主要化学性质起决定作用。

1. 乙醛的还原反应

醛在金属催化剂 Pt、Pd、Ni 等存在下,与氢气作用可在羰基上加一分子氢,生成伯醇,乙醛被还原为乙醇,该反应属于乙醛的加氢反应,又称为乙醛的还原反应。

$$CH_3CHO + H_2 \xrightarrow[\triangle]{催化剂} CH_3CH_2OH$$

2. 乙醛的氧化反应

在强氧化剂（如：$KMnO_4$、$K_2Cr_2O_7 + H_2SO_4$、HNO_3 等）的作用下，乙醛可被氧化为乙酸。

【演示实验 5-3】

在洁净的试管里加入 1 mL 2％（质量分数）的 $AgNO_3$ 溶液，然后一边摇动试管，一边逐渐滴入 2％（质量分数）的稀氨水，直到最初产生的沉淀恰好溶解为止（这时得到的溶液通常称为银氨溶液）。然后再加入 3 滴乙醛，振荡后，用水浴温热，静置观察银镜的生成（如图 5-11 所示）。

图 5-11 银镜反应

$$CH_3CHO + 2[Ag(NH_3)_2]OH \xrightarrow{\text{水浴加热}} CH_3COONH_4 + 2Ag\downarrow + 3NH_3 + H_2O$$

如果试管壁非常干净，当银析出时，就能很均匀地附着在试管壁上形成光亮的银镜。因此，这个反应叫银镜反应。工业上常利用葡萄糖代替乙醛进行银镜反应在玻璃制品上镀银，如生产热水瓶胆、镜子等。

【演示实验 5-4】

菲林试剂是由硫酸铜溶液与酒石酸钾钠的碱溶液等体积混合而成的蓝色溶液。菲林试剂可使乙醛氧化成乙酸，而本身被还原成砖红色 Cu_2O 沉淀。

$$CH_3CHO + 2Cu(OH)_2 + NaOH \longrightarrow CH_3COONa + Cu_2O\downarrow + 3H_2O$$

在实验室，常用上述实验，检验醛基的存在。

（三）用途

乙醛是一种具有多种功能的有机化合物，被广泛应用于化工、食品、香精香料及医药等多个领域。作为化工原料，它用于制造醋酸、醋酐及合成树脂；在食品工业中，乙醛作为调味剂和饮料添加剂，赋予产品独特风味；同时，它也是香精香料工业中的重要成分，用于生产香水等香氛产品。然而，乙醛具有毒性，使用时需采取防护措施以确保安全。

你知道吗？

19 世纪末，那是一个科学技术日新月异的时代。在这个时期，化学家们开始深入研究有机化合物的结构与性质，并尝试将其应用于香精的制造中。醛类化合物，以其独特的香气和易于合成的特性，逐渐进入了化学家的视野。

最初，醛类在香精中的运用是偶然的。一位名叫保罗·杜尔的法国化学家，在一次实验中意外地发现了一种名为肉桂醛的化合物,它散发着浓郁的肉桂香气。这一发现立刻引起了香精行业的关注,肉桂醛迅速被应用于各种香料和香水中,成为当时最受欢迎的香精成分之一。

随着研究的深入,化学家们发现不同种类的醛类化合物可以赋予香精不同的香气特征。例如,乙醛具有清新的果香和花香,常被用于模拟苹果、草莓等水果的香气;而十二醛则具有温暖的脂香和木香,适合用于制作高级香水。这些发现极大地丰富了香精的种类和风格,使得香精行业得以迅速发展。

然而,醛类化合物的运用并非一帆风顺。由于醛类化合物具有一定的刺激性和毒性,如何在保证香气效果的同时降低对人体健康的影响,成为香精行业面临的一大挑战。为此,化学家们不断改进合成工艺,优化产品结构,力求在保留香气特征的同时降低其有害成分的含量。

经过数十年的努力,香精中醛的运用已经达到了一个相对成熟的阶段。如今,醛类化合物已经成为香精中不可或缺的重要成分之一。它们与其他香料成分相互搭配、相互作用,共同构成了丰富多彩的香气世界。无论是甜美的果香、清新的花香还是深沉的木香,醛类化合物都在其中发挥着不可替代的作用。

五、乙酸

看一看

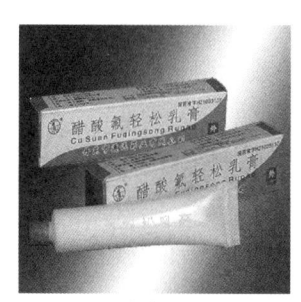

醋酸药品 　　食用醋 　　醋酸化工产品

乙酸在生活中的应用示例

想一想

乙酸与乙醛的结构有什么不同?

羧酸是烃基和羧基相连接的化合物,常用通式 R—COOH(R 代表烃基或氢原子)来表示,—COOH 是羧酸的官能团。饱和一元羧酸的通式是 $C_nH_{2n+1}COOH$。乙酸俗称醋酸,是食醋的主要成分,普通食醋中乙酸含量约为 6%~10%。

乙酸由甲基和羧基组成,分子式 $C_2H_4O_2$,结构式 CH_3COOH。乙酸的结构模型如图 5-12 所示。

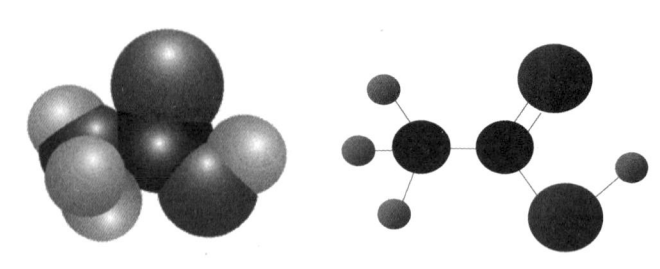

乙酸的球棍模型　　　　　乙酸的比例模型

图 5-12　乙酸的结构模型

（一）物理性质

无水乙酸在常温下为具有强烈刺激性气味的无色液体，沸点 118 ℃，当温度低于熔点时，无水乙酸就呈冰状结晶析出，所以无水乙酸又称冰醋酸。

（二）化学性质

1. 乙酸的酸性

【演示实验 5-5】

用滴管吸取少量乙酸，滴在蓝色石蕊试纸上，观察试纸颜色的变化。

实验结果表明，蓝色石蕊试纸立即变红。说明乙酸具有明显的酸性，这是因为乙酸在水溶液中能电离出氢离子。

$$CH_3COOH \rightleftharpoons CH_3COO^- + H^+$$

乙酸是一种弱酸，它具有酸的通性。它比碳酸的酸性强，能与碳酸氢钠溶液反应释放出 CO_2。

$$CH_3COOH + NaHCO_3 =\!=\!= CH_3COONa + CO_2\uparrow + H_2O$$

2. 乙酸的酯化反应

在有浓硫酸催化并加热的条件下，乙酸能够跟乙醇发生酯化反应，生成乙酸乙酯。

【演示实验 5-6】

在试管里先加入 3 mL 乙醇，然后一边摇动，一边慢慢地加入 2 mL 浓硫酸和 2 mL 冰醋酸，用酒精灯小心均匀地加热试管 3～5 min，产生的蒸气经玻璃导管通到饱和碳酸钠溶液的液面上，如图 5-13 所示。

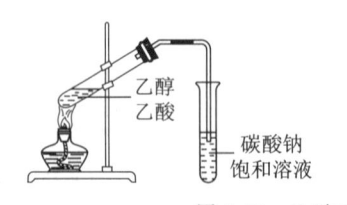

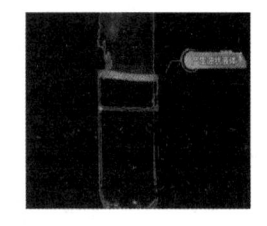

图 5-13　乙酸乙酯的生成

可以看到，在液面上有一层透明的油状液体生成，并可闻到香味。这种有香味不溶于水的无色透明油状液体，就是乙酸乙酯。由于反应生成的乙酸乙酯在同样的条件下，又有部分能发生水解反应,生成乙酸和乙醇,所以上述反应实际上是可逆反应。

$$CH_3CO|OH\ +\ H|O—C_2H_5 \xrightleftharpoons[]{浓硫酸} CH_3COOC_2H_5 + H_2O$$

类似上述反应,在无机酸作催化剂的条件下,醇跟羧酸生成酯和水的反应,就叫做酯化反应。

(三) 用途

乙酸在食品加工、清洁剂、农业、化学工业、木材防腐、医药领域以及日常生活中都有广泛的应用。乙酸是食醋的主要成分,常被用于制作酱油、醋、调味料等食品,能够增强食物的口感和保持其新鲜度。在食品加工中,乙酸可以用作腌渍剂,帮助食品保持风味和延长保质期。

乙酸因其酸性特性,特别适用于去除水垢、油渍和细菌等,在家庭生活中,常被用于清洁厨房设备、玻璃器皿、家具表面等。

乙酸在化学实验室中被广泛使用,如用于酸碱中和反应、溶解其他物质、调节 pH 等。

乙酸是生产醋酸纤维、喷漆、香料、燃料、医药等的重要原料。例如,乙酸纤维素可用于制造电影胶片和木材用胶黏剂;乙酸乙酯则是一种常用的溶剂和食用香料。

六、乙酸乙酯

酯是由羧酸和醇(酚)脱水的产物,饱和一元酯的通式为 $C_nH_{2n}O_2$。乙酸乙酯是乙酸和乙醇发生酯化反应脱水的产物。乙酸乙酯是一种具有特殊香味的无色透明液体,在常温常压下,易挥发、易燃,不溶于水,但可以溶解于多种有机溶剂中,如乙醇、丙酮、乙醚等,密度略小于水,具有较低的黏度,使得它在流动时较为顺畅,沸点 77.06 ℃,熔点 −83.6 ℃。乙酸乙酯的结构模型如图 5-14 所示。

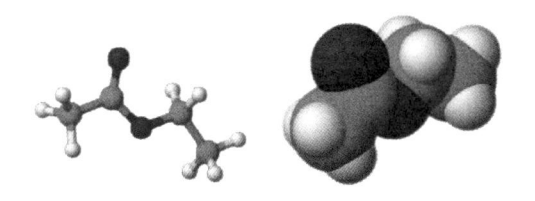

乙酸乙酯的球棍模型　　　　乙酸乙酯的比例模型

图 5-14　乙酸乙酯的几种结构模型

乙酸乙酯在硫酸作用下,可以发生水解反应生成乙酸和乙醇:

$$CH_3COOC_2H_5 + H_2O \xrightleftharpoons[]{稀硫酸} CH_3COOH + C_2H_5OH$$

你知道吗?

酯类物质在食品工业中扮演着不可或缺的角色。它们以其独特的化学性质和广泛的应用领域,为食品行业带来了丰富的风味和多样的功能。低级酯是有香味的液体,如乙酸异戊酯具有香蕉味(俗称香蕉油),正戊酸异戊酯有苹果香味。高级酯为蜡状固体。

酯类物质作为香精和调味剂,是提升食品香气和风味的关键。在糖果、巧克力等甜食中,乙酸乙酯等酯类物质能够模拟出水果或酒类的香气,为产品增添诱人的风味层次,使消费者在品尝时享受到更加浓郁的果香或酒香。同样,在饮料制造中,酯类物质也常被用作调味剂,为果汁、碳酸饮料等带来鲜明的香气特征,提升饮用体验。

酯类物质在食品工业中还具有多种其他重要作用。它们可以用作溶剂和提取剂,帮助提取食品中的有效成分,如天然色素、香料等,提高食品的纯度和品质。同时,酯类物质还可以作为保护性载体,保护食品中的营养成分在加工和储存过程中免受损失,确保食品的营养价值和健康效益。

此外,酯类物质还具有一定的防腐作用,可以延长食品的保质期,降低因微生物污染而变质的风险。在改善食品质地和口感方面,酯类物质也表现出色,能够使食品更加细腻、柔软或具有特定的口感特征。例如,在糖果中添加酯类物质可以使糖果更加柔软和易于咀嚼;在巧克力中添加酯类物质则能使其口感更加丝滑和浓郁。

值得注意的是,在食品工业中使用酯类物质时,必须严格遵守相关的食品安全标准和规定,确保酯类物质的种类、用量和使用条件符合法规要求,以保障食品的安全性和卫生性。只有这样,才能充分发挥酯类物质在食品工业中的优势和作用,为消费者提供更加美味、健康、安全的食品选择。

七、肥皂与洗涤剂

看一看

肥皂 　　　　　洗衣液 　　　　　柔顺剂

生活中的洗涤用品

想一想

> 你们知道肥皂、洗衣粉的去除原理是什么吗?

(一) 肥皂的去污原理

依赖分子结构的特性,肥皂的去污是肥皂的主要成分与污渍相互作用的化学及物理过程。肥皂,主要成分为脂肪酸钠或脂肪酸钾,是由油脂(如植物油或动物脂肪)与碱(如氢氧化钠或氢氧化钾)通过皂化反应制得的。制造肥皂的过程中将油脂分解为甘油和脂肪酸,随后脂肪酸与碱反应生成脂肪酸盐和甘油。

肥皂的主要成分具有独特的亲水性和亲油性。

亲水基团(也称为极性基团),通常是羧酸钠或羧酸钾部分,这一端带有负电荷,因此容易与水分子(也是极性分子)相互吸引,使肥皂分子能溶于水。

亲油基团(也称为非极性基团),主要是长链的碳氢化合物部分,类似于油脂的结构,因此容易与油脂或污渍中的油脂成分相互吸引和结合。

肥皂的去污过程如下：

① 渗透与吸附：当肥皂溶液与衣物上的污渍接触时，肥皂分子的亲油基团会渗透到污渍内部，并吸附住油脂分子。

② 乳化作用：随着肥皂分子在污渍表面的吸附和渗透，污渍中的油脂被包裹在肥皂分子之间，形成微小的乳滴。这个过程称为乳化，它使原本不溶于水的油脂变成可以分散在水中的乳状液。

③ 分散与悬浮：乳化的油脂颗粒被水分子包围并分散在水中，形成稳定的乳浊液。这些微小的乳滴由于带有电荷而相互排斥，防止了它们重新聚集成大颗粒，从而保持污渍在洗涤液中的分散状态。

④ 冲洗与去除：在冲洗过程中，含有污渍的洗涤液被水冲走，衣物上的污渍也随之被去除。

因此，肥皂的去污能力主要依赖于其主要成分分子结构的两亲性，以及由此产生的乳化作用和分散作用。这种机制使得肥皂能够有效地去除衣物、皮肤和其他表面上的油脂和污渍。

（二）合成洗涤剂

合成洗涤剂是由人工合成的表面活性剂和多种助剂复配而成的清洁剂，与天然肥皂相比，其分子结构更加多样化和可控。目前，常用合成洗涤剂的主要成分是烷基苯磺酸钠或烷基磺酸钠。其优点是去污力强、适用范围广、易于控制配方以满足不同需求。然而，某些传统合成洗涤剂成分可能对环境有轻微污染，且长期使用可能对某些敏感肌肤产生刺激。

随着环保意识的不断提高和环保法规的日益严格，合成洗涤剂行业正朝着更加环保、绿色、可持续的方向发展。未来的合成洗涤剂将更加注重生物降解性、低毒性和低刺激性等特点，以减少对环境和人体的负面影响。同时，随着消费者对洗涤效果和使用体验要求的不断提高，合成洗涤剂也将不断创新和优化配方，以满足消费者的多样化需求。

七、食品添加剂

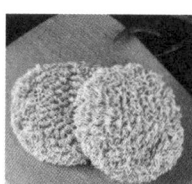

看一看

| 果冻 | 奶茶 | 泡面 | 丸子 |

生活中含有食品添加剂的食物

想一想

> 食品里为什么要添加食品添加剂？

按照《中华人民共和国食品安全法》第九十九条，食品添加剂被定义为改善食品品质和色、香、味以及为防腐、保鲜和加工工艺的需要而加入食品中的人工合成或者天然物质。这一定义明确指出了食品添加剂的加入目的和种类（包括人工合成和天然物质）。

常见的食品添加剂类别、功能和示例如表 5-3 所示。

表 5-3 常见的食品添加剂

类别	功能	举例
防腐剂	延长食品的保质期	如亚硫酸盐、山梨酸、苯甲酸等
调味剂	提升食品的口感和味道	如味精、鸡精、酱油、醋等
抗氧化剂	防止食品由于氧化而变质	如维生素 C、E，BHA，BHT 等
着色剂	改变食品的颜色，使其更加诱人	如红曲米、胭脂红、日落黄、炭黑等
增稠剂	增加食品的黏稠度	如明胶、果胶、淀粉等
甜味剂	调节食品的甜味程度	如蔗糖、蜂蜜、糖精、阿斯巴甜等
膨松剂	使产品发起形成致密多孔组织，从而使制品具有蓬松、柔软或酥脆的物质	如碳酸氢钠(小苏打)、焦硫酸二氢钠等

除了表格里面常见添加剂的类别外，添加剂还包括酸度调节剂、抗结剂、消泡剂、护色剂、酶制剂、面粉处理剂、被膜剂、水分保持剂、稳定剂和凝固剂、食品用香料、食品工业用加工助剂等。这些添加剂在食品工业中发挥着重要作用，如提高食品质量和营养价值、改善食品感观性质、防止食品腐败变质、延长食品保藏期、便于食品加工和提高原料利用率等。

需要注意的是，食品添加剂在合规使用下通常是安全的，但过量或使用不当可能对人体健康造成危害，如引发胃肠道不适、增加脏器负担甚至潜在地提升致癌风险，影响身体的新陈代谢与生育能力。因此，食品添加剂的使用必须严格遵守国家相关法规和标准，确保其安全性和合法性。我们应警惕、防止过量摄入，确保饮食健康。

练习题

一、单项选择题

1. 下列不属于烃的衍生物的是（　　）。
   A. 溴乙烷　　　　　　　　　　B. 乙醇
   C. 甲烷　　　　　　　　　　　D. 苯酚

2. 溴乙烷分子中的官能团是(　　)。
A. —OH　　　　　　　　　　B. —CHO
C. —COOH　　　　　　　　　D. —Br

3. 下列关于乙醇的说法，错误的是(　　)。
A. 乙醇的分子式是 C_2H_5O
B. 乙醇能与水以任意比互溶
C. 乙醇可用于制备乙醛
D. 乙醇常用作内燃机的燃料

4. 苯酚在空气中氧化后，颜色会变为(　　)。
A. 无色　　　　　　　　　　B. 黄色
C. 粉红色　　　　　　　　　D. 蓝色

5. 下列反应属于乙醛的还原反应的是(　　)。
A. 乙醛与银氨溶液反应
B. 乙醛与菲林试剂反应
C. 乙醛与氢气在催化剂作用下反应
D. 乙醛被高锰酸钾氧化

6. 下列关于乙酸的说法，正确的是(　　)。
A. 乙酸是强酸
B. 乙酸不能发生酯化反应
C. 乙酸可以使蓝色石蕊试纸变红
D. 乙酸与碳酸氢钠溶液反应不生成气体

7. 下列物质是酯化反应的产物的是(　　)。
A. 乙醇　　　　　　　　　　B. 乙酸
C. 乙烯　　　　　　　　　　D. 乙酸乙酯

8. 下列关于苯酚的说法，错误的是(　　)。
A. 苯酚具有弱酸性
B. 苯酚的显色反应可用于检验苯酚的存在
C. 苯酚易溶于水
D. 苯酚有毒，使用时要小心

9. 溴乙烷在强碱(NaOH)的浓醇溶液中加热，可发生的反应类型是(　　)。
A. 取代反应　　　　　　　　B. 消去反应
C. 加成反应　　　　　　　　D. 氧化反应

10. 乙酸在水溶液中电离出的阳离子是(　　)。
A. H^+　　　　　　　　　　B. Na^+
C. CH_3COO^-　　　　　　　D. OH^-

二、判断题

1. 卤代烃的官能团是卤原子(如 F、Cl、Br、I)。　　　　　　　　　　　　　(　　)

2. 乙醇可以与金属钠反应生成乙醇钠和氢气。（   ）
3. 苯酚易溶于水，且在空气中容易被氧化。（   ）
4. 乙醛在金属催化剂存在下可以与氢气发生还原反应，生成乙醇。（   ）
5. 乙酸可以与碳酸氢钠溶液反应生成二氧化碳。（   ）
6. 酯化反应是醇和酸在催化剂作用下生成酯和水的可逆反应。（   ）
7. 溴乙烷的蒸气有毒，使用时需注意安全防护。（   ）
8. 乙醇的沸点比水低。（   ）
9. 苯酚的水溶液可用于器械消毒及排泄物处理。（   ）
10. 乙醛在常温下是固体，有刺激性气味。（   ）

第四节　学生实验：重要有机化合物的性质

学习目标

1. 通过乙醇与活泼金属的反应、乙醇的还原性，了解乙醇的主要性质。
2. 通过苯酚酸碱性测试、取代反应、显色反应，了解苯酚的主要性质。
3. 通过乙醛的斐林反应和银镜反应，了解乙醛的主要性质。
4. 通过乙酸的酸性和酯化反应等实验，了解乙酸的主要性质。

一、乙醇

1. 乙醇与金属钠的反应

在一支干燥的试管中加入 1 mL 无水乙醇，再用镊子从煤油中取出一小块金属钠，先用滤纸吸干表面的煤油，用小刀切除表面的氧化膜后，再切成绿豆大小的一粒放入试管中，观察试管中的现象。用大拇指按住试管口片刻，再用点燃的火柴接近试管口，再观察试管中的现象。

待试管中钠粒完全消失后，醇钠析出使溶液变黏稠（或凝固）。向试管中加入 5 mL 水，并滴入 2 滴酚酞指示剂，观察溶液颜色变化，记录并解释原因。

2. 乙醇的氧化反应

（1）催化氧化反应

取一支干燥的试管，加入 2 mL 无水乙醇，取一根铜丝，下端绕成螺旋状，在酒精灯上灼烧后插入无水乙醇中，反复几次。注意观察铜丝的变化，小心地闻试管中液体产生的气味，记录并解释原因。

（2）与强氧化剂的反应

取一支试管，加入 5 滴 5 g/L 的重铬酸钾溶液，再加入 1 mL 稀硫酸酸化，振荡后，再加入 10 滴乙醇，摇匀，观察溶液颜色的变化，记录并解释原因。

二、苯酚

1. 苯酚酸碱性测定

在试管中加入约 0.3 g 苯酚和 1 mL 水,振摇并观察其溶解性。将试管在水浴中加热几分钟,取出观察其中的变化。将溶液冷却,有什么现象发生?向其中滴加 10% 氢氧化钠溶液,边加边振摇,观察现象。

取两支试管中,各加入约 0.3 g 苯酚,再分别加入 1 mL 10% 碳酸钠溶液、1 mL 10% 碳酸氢钠溶液,振摇并温热后,观察并对比两试管中的现象,记录并解释原因。

2. 苯酚的取代反应

在试管中加入约 0.3 g 苯酚和 2 mL 水,振摇使其溶解成为透明溶液。向其中滴加 1~2 滴饱和溴水,观察现象,记录并解释原因。

3. 显色反应

在试管中加入约 0.3 g 苯酚和 2 mL 水,振摇使其溶解成为透明溶液。向其中滴加 1~2 滴新配制的 1% 氯化铁溶液,观察溶液颜色变化,记录现象并解释原因。

三、乙醛

1. 与银氨溶液的反应

在 1 支干净的试管中加入 2 mL 2% $AgNO_3$ 溶液,然后一边振荡试管,一边逐滴加入 2% 氨水,直到产生的沉淀恰好溶解为止,再加入 3 滴乙醛,振荡后把试管放入 50~60 ℃ 的水浴中,温热 3~5 min,观察现象,记录现象并解释原因。

2. 与菲林试剂的反应

在 1 支干净的试管中加入 2 mL 10% NaOH 溶液,再滴入 4~8 滴 2% $CuSO_4$ 溶液,振荡,观察发生的现象。然后向上述试管中加入 0.5 mL 乙醛,振荡后把试管放在沸水浴中,加热 3~5 min,观察现象,记录现象并解释原因。

四、乙酸

1. 乙酸的酸性

用 pH 试纸检验乙酸的 pH:取一片 pH 试纸置于干燥洁净的表面皿或点滴板上,用洁净玻璃棒蘸取少量乙酸溶液滴于试纸上,待颜色稳定(约 30 秒)与标准比色卡对比,并记录数值。

试管中加入 2 mL 乙酸,再放入一小段用砂纸摩擦过的镁条,观察现象。

2. 酯化反应

在试管中加入无水乙醇和冰醋酸各 1 mL,再加入 3 滴浓硫酸,用带导气管的塞子塞住试管口,小火加热 3~5 min,将产生的蒸气通入盛有 2 mL 饱和碳酸溶液液面以上 0.5 cm 处,观察液面有无分层现象?是否嗅到酯的香味?记录现象,并解释原因。

练习题

一、选择题

1. 乙醇与金属钠反应时,金属钠需要先经过步骤是(　　)。
   A. 直接使用　　　　　　　　　　　B. 用滤纸吸干表面的煤油
   C. 加入乙醇中　　　　　　　　　　D. 用酒精灯灼烧
2. 在乙醇催化氧化反应中,铜丝的作用是(　　)。
   A. 反应物　　　B. 催化剂　　　C. 指示剂　　　D. 溶剂
3. 在苯酚的取代反应中,加入饱和溴水后,可以观察到的现象是(　　)。
   A. 溶液变蓝　　　　　　　　　　　B. 生成白色沉淀
   C. 溶液褪色　　　　　　　　　　　D. 有气泡产生
4. 苯酚与碳酸钠溶液反应后,观察到的现象是(　　)。
   A. 产生沉淀　　B. 溶液变浑浊　　C. 溶液颜色加深　　D. 无明显变化
5. 乙醛与银氨溶液反应时,乙醛的加入时机是(　　)。
   A. 在氨水之前　　B. 在氨水之后　　C. 与氨水同时　　D. 无特定顺序
6. 乙醛与菲林试剂反应时,试管加热的条件是(　　)。
   A. 室温下　　B. 50～60 ℃水浴　　C. 沸水浴　　D. 干热
7. 在乙酸的pH测量中,正确的操作是(　　)。
   A. 将pH试纸直接浸入乙酸溶液
   B. 用洁净玻璃棒蘸取少量乙酸溶液滴于pH试纸上
   C. 向乙酸溶液中滴加pH试纸溶液
   D. 将乙酸溶液滴加到湿润的pH试纸上
8. 乙酸与镁条反应时,观察到的现象是(　　)。
   A. 镁条溶解,产生无色气体　　　　B. 镁条溶解,溶液变红
   C. 镁条无变化　　　　　　　　　　D. 镁条表面形成黑色固体
9. 在酯化反应中,浓硫酸的作用是(　　)。
   A. 溶剂　　　B. 催化剂　　　C. 反应物　　　D. 指示剂
10. 酯化反应产生的蒸气通入饱和碳酸钠溶液后,观察到的现象是(　　)。
    A. 液面不分层,无香味　　　　　　B. 液面分层,有香味
    C. 液面分层,无香味　　　　　　　D. 液面不分层,有香味

二、判断题

1. 乙醇与金属钠反应时,会产生氢气并放出热量。　　　　　　　　　　(　　)
2. 乙醇的催化氧化反应中,铜丝在反应前后质量和性质均不变。　　　　(　　)
3. 苯酚的弱酸性实验中,苯酚在冷水中不溶,加热后部分溶解。　　　　(　　)
4. 乙醛与托伦试剂反应生成的银镜可以用稀硝酸洗涤去除。　　　　　　(　　)

5. 乙酸是一种强酸，其酸性比盐酸还强。（　　）
6. 乙醛与托伦试剂反应时，乙醛的加入应在氨水之后，以避免银离子被还原。（　　）
7. 乙醛与菲林试剂反应时，必须在碱性条件下进行。（　　）
8. 酯化反应中，乙醇和乙酸在浓硫酸催化下生成乙酸乙酯和水，该反应为可逆反应。（　　）
9. 乙醇与强氧化剂重铬酸钾反应时，溶液的颜色会由橙色变为灰绿色。（　　）
10. 使用pH试纸测量乙酸的pH值时，应将试纸浸入乙酸溶液中。（　　）
11. 乙酸的pH值大于7，表示它是碱性的。（　　）

本章知识点总结

一、烃

分类	通式	结构特点	化学性质	物理性质
烷烃	C_nH_{2n+2} ($n \geq 1$)	链状、碳碳单键	取代、氧化	分子中碳原子数量越多，熔沸点越高、密度越大
烯烃	C_nH_{2n} ($n \geq 2$)	链状、碳碳双键	加成、氧化、聚合	
炔烃	C_nH_{2n-2} ($n \geq 2$)	链状、碳碳三键	加成、氧化、聚合	
芳香烃	C_nH_{2n-6} ($n \geq 6$)	环状	取代、氧化、加成	

二、烃的衍生物

类别	官能团	结构特点	化学性质
醇	—OH 羟基	(1) 羟基与烃基相连 (2) 羟基三的氢原子较活泼	(1) 能与活泼金属反应 (2) 可被氧化为醛 (3) 可发生消去反应生成烯烃
酚	—OH 羟基	(1) 羟基与苯环相连接 (2) 酚羟基上的H比醇羟基上的H活泼	(1) 与溴发生取代反应 (2) 显酸性 (3) 遇Fe^{3+}变紫色
醛	—CHO 醛基	(1) 醛基上有碳氧双键 (2) 醛基只能连接在烃基链端	(1) 与H_2发生反应还原成醇 (2) 可被氧化为羧酸
羧酸	—COOH 羧基	羧基可解离出H^+	(1) 具有酸的通性 (2) 与醇发生酯化反应
酯	—COO— 酯基	R—COO—R′，R′必须为烃基	水解成醇和羧酸

第六章 常见生物分子及合成高分子化合物

第一节 糖类

学习目标

1. 认识糖类的组成结构特点和主要性质。
2. 知道葡萄糖的结构特点、主要性质及其应用。
3. 了解淀粉、纤维素及它们与葡萄糖的关系。
4. 了解糖类在食品加工和生物质能源开发中的应用。

看一看

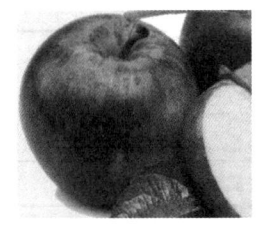

| 葡萄 | 菠萝 | 苹果 |

含有葡萄糖的水果示例

想一想

1. 你今天吃糖了吗？是什么糖？你还知道哪些糖？
2. 糖都是甜的吗？

一、糖类的组成

糖类，也被称为碳水化合物，是自然界中广泛分布的一类重要的有机化合物。它们主要由碳(C)、氢(H)和氧(O)三种元素组成。在自然界中,糖类的通式大多可以写成$(CH_2O)_n$的形式,但并非所有符合这一通式的化合物都是糖类,如甲醛(CH_2O)就不属于糖类。

根据能否水解及水解产物的不同,糖类可以分为以下几大类。

① 单糖:单糖是最简单的糖类,不能被水解成更小的分子。常见的单糖有葡萄糖、果糖和半乳糖等。这些单糖都是人体细胞能够直接利用的能量来源。

② 双糖(低聚糖):双糖是由两个单糖分子通过脱水反应结合而成的。常见的双糖有蔗糖、麦芽糖和乳糖等。这些双糖在人体内需要通过水解作用分解成单糖后才能被吸收利用。

③ 多糖:多糖是由多个单糖分子通过脱水反应结合而成的高分子化合物。常见的多糖有淀粉、纤维素和糖原等。多糖在生物体内具有储存能量、构成细胞壁等重要生理功能。

二、糖类的结构特点

单糖是糖类物质最基本的单位,按照羰基在分子中的位置可分为醛糖或酮糖,根据其所含碳原子的数目可分为丙糖、丁糖、戊糖和己糖等。戊糖和己糖是最重要的单糖,如核糖、葡萄糖、果糖等(结构如图 6-1 所示)。

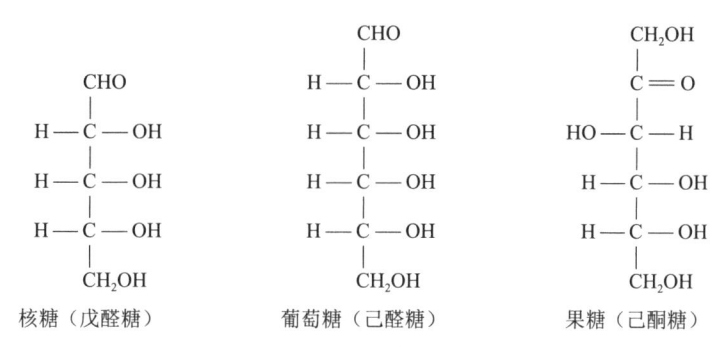

图 6-1 几种不同的单糖结构示意图

三、糖类的主要性质和用途

1. 单糖——葡萄糖

葡萄糖是自然界中分布最广且最为重要的一种单糖,分子式为 $C_6H_{12}O_6$,结构简式为 $CH_2OH(CHOH)_4CHO$。纯净的葡萄糖为无色晶体,有甜味但甜度不如蔗糖,易溶于水,微溶于乙醇,不溶于乙醚。

你知道吗?

人体内各组织细胞活动所需的能量大部分来自葡萄糖,所以血糖必须保持一定的水平,才能维持体内各器官和组织的需要。体检时检测的血糖通常是指空腹血糖,血糖的正常范围是空腹在 3.9~6.1 mmol/L,餐后 2 h 在 4.4~7.8 mmol/L。

葡萄糖含量过高对身体的不利影响主要有:① 会增加血糖水平,可能损伤胰岛 β 细胞,降低胰岛素分泌能力,增加 2 型糖尿病风险;② 多余的葡萄糖转化为脂肪储存,导致体重增加,提升心血管疾病风险;③ 加重肝脏负担,可能诱发非酒精性脂肪肝;再使肾脏过滤功能负担加重,影响肾小球滤过率,加剧肾脏损害,严重时发展为糖尿病肾病。

葡萄糖含量过低对身体的不利影响主要有:① 会导致大脑能量不足,出现头晕症状;② 导致机体无法得到充足的能量供应,产生饥饿感;③ 导致机体肾上腺素分泌较多,刺激交感神经兴奋,导致心慌;④ 情况严重时,导致神经系统功能紊乱,出现抽搐,增加跌倒、外伤、骨折等意外伤害的风险;⑤ 对心血管系统也会造成损害,容易诱发心律失常、心绞痛等急症;⑥ 眼压突然下降,可能导致眼内动脉破裂出血,损害眼睛健康。

因此,维持葡萄糖在正常水平对人体健康至关重要。

单糖都具有还原性,因此单糖又称为还原糖。由葡萄糖的结构简式可知葡萄糖是一种多羟基醛,分子中的醛基容易被氧化成为羧基,因此葡萄糖具有还原性,能发生银镜反应,也能与斐林试剂反应。

【演示实验 6-1】

在一支试管中加入 2 mL 10% NaOH 溶液,滴加 5 滴 5% $CuSO_4$ 溶液,观察到有蓝色沉淀,再加入 2 mL 10% 葡萄糖溶液,加热,观察到有砖红色沉淀生成。

葡萄糖能够还原斐林试剂(新制氢氧化铜),生成砖红色的氧化亚铜沉淀。这是检验还原糖常用的化学方法之一。在一定条件下,一定量的葡萄糖与一定量的斐林试剂反应,生成的 Cu_2O 的量是一定的,因此,在医学上常用该法来检测尿液中葡萄糖的含量。也可用这种方法来测定生物样品中还原糖的含量。

【演示实验 6-2】

在一支试管中加入 1 mL 2% $AgNO_3$ 溶液,边振荡试管边滴加 2% 氨水溶液,从白色沉淀出现到恰好白色沉淀溶解为止(此溶液为银氨溶液,也叫托伦试剂),再加入 1 ml 10% 葡萄糖溶液,振荡后放在水浴中加热 3~5 min。观察到有银镜生成。

与斐林试剂类似,托伦斯试剂(银氨溶液)也能被还原糖还原,生成银镜。这种反应称为银镜反应,同样用于检测还原糖。

注射葡萄糖可迅速补充营养。葡萄糖是快速提升血糖水平的首选药物,可用于治疗低血糖症。同时也是制造糖果、糕点、饮料等食品的重要原料。

2. 双糖——蔗糖与麦芽糖

(1) 蔗糖

蔗糖($C_{12}H_{22}O_{11}$)是光合作用的主要产物,广泛分布于植物体内,特别是在甜菜、甘蔗和水果中含量极高。蔗糖为白色结晶,易溶于水,较难溶于乙醇,甜味仅次于果糖。一分子蔗糖在无机酸或酶的作用下水解产物为一分子葡萄糖和一分子果糖。蔗糖分子中无游离半缩醛羟基,因此它没有还原性,是非还原双糖。蔗糖水解方程式为:

$$C_{12}H_{22}O_{11} + H_2O \xrightarrow{\text{催化剂}} C_6H_{12}O_6 + C_6H_{12}O_6$$
蔗糖   葡萄糖   果糖

(2) 麦芽糖

麦芽糖($C_{12}H_{22}O_{11}$)存在于发芽的谷粒中(尤其是麦芽中),主要来源于玉米和大米等。麦芽糖分子中仍保留了一个半缩醛羟基,属于还原糖,能发生银镜反应、菲林反应。麦芽糖是无色结晶,易溶于水,味甜但不及蔗糖。一分子麦芽糖在无机酸或酶的作用下水解,产生两分子葡萄糖。麦芽糖具有补脾益气、缓急止痛、滋润内脏等作用,常用于加工焦糖酱色及糖果、果汁饮料、造酒、罐头、豆酱、酱油等。

3. 多糖——淀粉与纤维素

多糖是高分子化合物,水解后生成的最终产物是多个分子的单糖。多糖广泛存在于动植物体中,是重要的天然高分子化合物。多糖的性质与单糖和低聚糖有较大的差别,一般为无定形固体,不溶于水,无甜味,不具有还原性。淀粉和纤维素是最重要和最常见的多糖,分子式为$(C_6H_{10}O_5)_n$。

(1) 淀粉

看一看

土豆　　小麦　　大米

富含淀粉的食物示例

想一想

1. 在日常生活中,你经常接触到哪些含淀粉的物质?
2. 吃米饭或馒头时,为什么越咀嚼越会感到有甜味?

淀粉$(C_6H_{10}O_5)_n$主要存在于植物的种子、根部和块茎中。它是白色粉末,无甜味,不溶于冷水,在热水中会有糊化作用。淀粉是非还原糖,在催化剂(如酸、酶)存在和加热下可以逐步水解,依次生成糊精、麦芽糖和葡萄糖。

$$(C_6H_{10}O_5)_n + nH_2O \xrightarrow{\text{催化剂}} nC_5H_{12}O_5$$

淀粉　　　　　　　　　　葡萄糖

淀粉 → 糊精 → 麦芽糖 → 葡萄糖

淀粉遇碘发生变色反应,呈蓝色,反应很敏锐。此法常用于检验淀粉或碘。

淀粉除供食用外,主要用途还有:① 是工业上的重要原料;② 经发酵可制得乙醇、丙酮和丁醇等;③ 氧化可制备草酸;④ 可作纺织品的上浆;⑤ 医药上用于生产葡萄糖。

(2) 纤维素

看一看

富含纤维素的植物示例

想一想

在日常生活中，你知道有哪些含纤维素的物质？

纤维素是自然界中分布最广的一种多糖，是构成植物茎干的主要成分。例如木材含纤维素约 50%，亚麻约含 80%，棉花中约含 90% 以上。纤维素的相对分子质量比淀粉大很多，如木纤维素的相对分子质量为 30 万～50 万。

纯净的纤维素无色、无味、无臭，不溶于水和一般有机溶剂，无还原性。纤维素比淀粉难水解，在高温、高压和无机酸存在下完全水解，得到葡萄糖。因此它和淀粉都可看成是葡萄糖的聚合体。

$$(C_6H_{10}O_5)_n + nH_2O \xrightarrow[\triangle]{\text{催化剂}} nC_6H_{12}O_6$$

虽然纤维素水解的最终产物也是葡萄糖，但在人体消化道中不含能水解纤维素的酶，因此纤维素不能作为人类的营养物质。然而食物中的纤维素在人体消化过程中也起着重要的作用，它刺激肠道蠕动和分泌消化液，有助于食物的消化，促进粪便的排泄和防止便秘，有助于预防结肠炎及结肠癌的发生。有些食物纤维能与食物中的胆固醇及甘油三酯结合，减少脂类的吸收，降低血液中胆固醇及甘油三酯的含量，降低冠心病的发病率。因此，膳食纤维被列为蛋白质、脂肪、碳水化合物、维生素、无机盐和水之外的第七营养素，是其他营养素无法代替的物质。为此，人类应多吃蔬菜、水果、粗粮等，保持足量的纤维素有益于身体健康。不过，对于患有肠胃溃疡的人，还是少吃纤维素食物为好。

纤维素除直接用于纺织、造纸和建筑外，还可用于制造硝酸纤维、醋酸纤维和黏胶纤维等许多有用的人造纤维。

四、糖类在食品工业和生物质能源的应用

糖类是一种重要的甜味剂。甜味剂作为食品添加剂的重要一环，其应用不仅限于提升食品的口感，更在食品工业的发展中扮演着关键角色。烹饪中常用到美拉德反应与焦糖化

反应,这两种化学反应不仅丰富了食品的色泽与风味,还揭示了糖类在食品加工中的深层次作用。

在乙醇的生产过程中,糖类作为原料,通过特定的生物转化技术,被高效地转化为生物质能源——乙醇,为可再生能源的利用开辟了新的路径。

练习题

一、选择题

1. 日常生活中食用的白糖、冰糖和红糖的主要成分是(　　)。
   A. 蔗糖　　　　B. 麦芽糖　　　　C. 葡萄糖　　　　D. 果糖
2. 下列关于蔗糖和麦芽糖的说法,不正确的是(　　)。
   A. 蔗糖和麦芽糖互为同分异构体
   B. 蔗糖和麦芽糖的分子式相同
   C. 蔗糖和麦芽糖的水解产物都是葡萄糖
   D. 麦芽糖能发生银镜反应,而蔗糖不能发生银镜反应
3. 把氢氧化钠溶液和硫酸铜溶液加入某病人的尿液中,微热时如果观察到有红色沉淀,说明该尿液中含有(　　)。
   A. 食醋　　　　B. 白酒　　　　C. 食盐　　　　D. 葡萄糖

二、判断题

1. 棉花的主要成分是纤维素。　　　　　　　　　　　　　　　　　　(　　)
2. 一分子蔗糖的水解后产生一分子果糖和一分子葡萄糖。　　　　　　(　　)
3. 人体消化道内含有可直接消化纤维素的酶。　　　　　　　　　　　(　　)

第二节　蛋白质

学习目标

1. 认识氨基酸及蛋白质的组成、结构特点和主要性质。
2. 知道氨基酸和蛋白质的关系。
3. 了解氨基酸、蛋白质在人类健康与生命活动中发挥的重要作用。

一、氨基酸

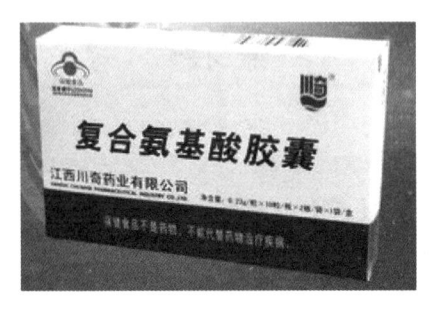

看一看

氨基酸营养品

想一想

1. 为什么说氨基酸是构成人体的最基本物质之一？
2. 氨基酸在食物营养中的地位与作用如何？

蛋白质是组成人体一切细胞、组织的重要成分，是生命的物质基础，一定含有碳、氢、氧、氮元素，可能含有硫、磷等元素。蛋白质可分为完全蛋白质和不完全蛋白质。完全蛋白质富含必需氨基酸，品质优良，如奶、蛋、鱼、肉类中的蛋白质等；不完全蛋白质则缺乏必需氨基酸或含量很少，如谷、麦类、玉米所含的蛋白质和动物皮骨中的明胶等。氨基酸是组成蛋白质的基本结构单位。

氨基酸是含有氨基（$-NH_2$）和羧基（$-COOH$）的一类有机化合物的通称，是大分子蛋白质的基本组成单位。常见的氨基酸的结构式如图 6-1 所示。

苯丙氨酸　　　　　甘氨酸　　　　　丙氨酸

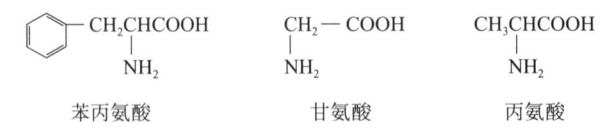

图 6-1　常见的氨基酸的结构式

1. 氨基酸的分类

根据人体所需，氨基酸可分为必需氨基酸和非必需氨基酸；根据化学性质分类，氨基酸可分为酸性氨基酸、碱性氨基酸、中性氨基酸；根据其结合基团不同，氨基酸可分为脂肪族氨基酸、芳香族氨基酸、含硫氨基酸、含碘氨基酸。需要注意的是，氨基酸的分类并不是绝对的，有些氨基酸可能同时属于多个分类。此外，随着科学研究的不断深入，人们对氨基酸的认识也在不断拓展和完善。

(1) 必需氨基酸

这类氨基酸是人体自身不能合成或合成速度不能满足人体需要，必须从食物中摄取的氨基酸。对成人来说，共有八种必需氨基酸：赖氨酸、色氨酸、苯丙氨酸、蛋氨酸、苏氨酸、异亮氨酸、亮氨酸、缬氨酸；对婴儿来说，除了上述八种必须氨基酸外，组氨酸也是必需氨基酸。

(2) 非必需氨基酸

这类氨基酸可以在人体内合成，作为营养源不需要从外部补充。常见的非必需氨基酸包括甘氨酸、丙氨酸、丝氨酸、天冬氨酸、谷氨酸（及其胺）、脯氨酸、精氨酸（部分情况下视为必需氨基酸，但人体能合成一定量）、酪氨酸、胱氨酸等。需要注意的是，虽然这些氨基酸被称为非必需，但它们的供给对于维持人体正常生理功能也是非常重要的。

2. 氨基酸的命名

氨基酸的系统命名方法与羟基酸一样，但天然氨基酸常根据其来源或性质使用俗名。例如，胱氨酸是因它最先从尿结石发现而得名；甘氨酸是由于它具有甜味而得名。

3. 氨基酸的两性

大多数氨基酸因含羧基和氨基数目的不同而呈不同程度的酸性（含羧基）或碱性（含氨基），呈中性的较少。所以既能与酸结合成盐，也能与碱结合成盐。

4. 氨基酸的作用

对于生物体而言，氨基酸起着至关重要的作用。氨基酸是构成生物体蛋白质的最基本的物质，它在抗体内具有特殊的生理功能，是生物体内不可缺少的营养成分之一。虽然人体内部能够产生各种氨基酸，但是要维持人体正常的生理机能，所需要摄入的量也相对较大。

氨基酸含量比较丰富的食物有水产类（如墨鱼、鳝鱼、泥鳅、海参等）、豆类食品、杏仁、肉类、蛋类、乳类、银耳、新鲜果蔬、山药、藕等。

二、蛋白质

看一看

含蛋白质的食品示例

想一想

1. 如何获取蛋白质？
2. 有哪些食物富含蛋白质？

蛋白质广泛存在于生物体内，是组成细胞的基础物质。动物的肌肉、皮肤、毛发等的主要成分都是蛋白质。蛋白质约占人体中除水分外剩余物质质量的一半。人体每天必须摄取一定量的蛋白质。鱼、肉、蛋、奶等动物性食物和某些植物性食物（如大豆制品），都能提供丰富的蛋白质。

1. 蛋白质的组成

蛋白质由碳、氢、氧、氮、硫等元素组成，是一类结构非常复杂、相对分子质量很大（几万到几千万）的有机化合物。它是由一条或多条多肽链组成的生物大分子，每一条多肽链有几十至数百个氨基酸不等；各种氨基酸按一定的顺序排列。

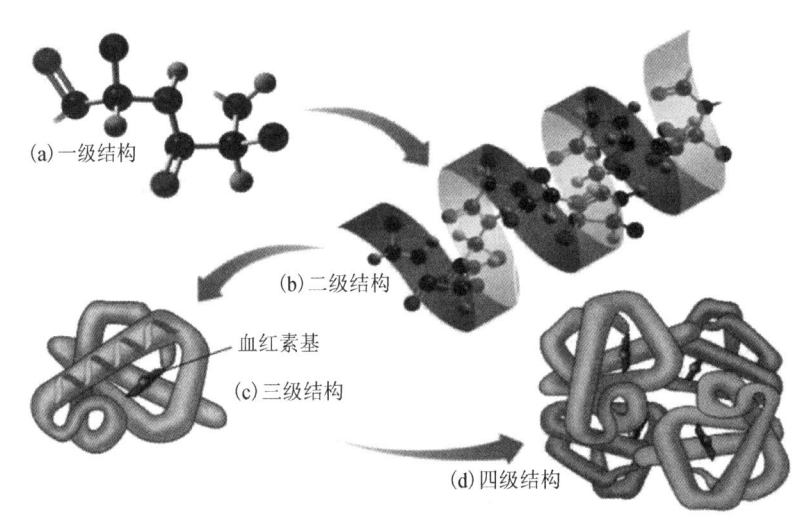

图 6-2 蛋白质分子模型

2. 蛋白质的性质

蛋白质是由氨基酸通过肽键构成的高分子化合物，含有氨基和羧基，因此也有两性。蛋白质在水中的溶解性不同，有的能溶于水，如鸡鸭蛋白；有的难溶于水，如毛发。蛋白质除了能水解为氨基酸外，还能发生盐析、变性和显色反应等。

（1）蛋白质的盐析

【演示实验6-3】

取 2 mL 20% 鸡蛋清溶液加入试管中，缓慢加入 2 ml 饱和 $(NH_4)_2SO_4$ 溶液，观察沉淀的析出，取浑浊液 1 mL 放入另一支试管中，加入 4~5 mL 蒸馏水，轻轻振荡，观察沉淀是否溶解。

可以看到，蛋白质从溶液中析出，再溶解。

向蛋白质溶液中加入某些盐[如 $(NH_4)_2SO_4$、NaCl]的浓溶液，会使蛋白质的溶解度降低而使其从溶液中析出,此现象称为盐析。这样析出的蛋白质在继续加水时仍能溶解,并不影响原来蛋白质的生理活性,故盐析是可逆过程,是物理变化。

（2）蛋白质的变性

【演示实验6-4】

在两支试管中各加入 2 mL 20%鸡蛋清溶液,其中一支试管加热,在另一支试管中滴入 1~2 滴饱和醋酸铅溶液,观察两支试管发生的现象,然后再向两支试管中各加入 5 mL 蒸馏水,轻轻振荡,继续观察两支试管的现象。

可以看到,蛋白质从溶液中析出后不再溶解。

在紫外线照射、加热或加入某些有机化合物（如乙醇、甲醛等）以及酸、碱、重金属盐（如铜盐、铅盐、汞盐等）的情况下,蛋白质会因发生性质上的改变而失去生理活性,这种过程是不可逆的,蛋白质的这种变化叫作变性。高温消毒灭菌就是用加热的方法使蛋白质凝固并变性,从而导致细菌死亡。进入人体的重金属盐能使蛋白质变性,所以会使人中毒。

（3）蛋白质的显色反应

【演示实验6-5】

在蛋白质溶液中加入几滴浓硝酸溶液,微热,观察现象。

可以看到,溶液显黄色。

蛋白质可以与许多试剂发生显色反应。如分子中含有苯环的蛋白质与浓硝酸作用时呈黄色,利用这种颜色反应可以鉴别蛋白质。此外,蛋白质被灼烧时会产生烧焦羽毛的气味,利用这一性质也可以鉴别蛋白质。

三、营养与膳食平衡

1. 营养物质

营养物质,是维持人体正常生理功能所必需的物质。这些养分包括糖类、脂肪、蛋白质、维生素和无机盐等,它们各自在人体中扮演着不可或缺的角色。常见的营养物质主要有糖类、脂类、蛋白质等。

① 糖类:是身体的主要能量来源,尤其是葡萄糖,是细胞进行有氧呼吸的主要能源物质。糖类还参与构成细胞和组织,如糖蛋白和糖脂等。

② 脂类:脂肪除了作为能量储存形式外,还起到保护内脏、维持体温、帮助脂溶性维生素吸收等重要作用。同时,脂类也是构成细胞膜的重要成分。

③ 蛋白质:是生命活动的主要承担者,具有多种功能,如构成细胞和生物体的重要物质、催化化学反应的酶、运输氧气的血红蛋白、免疫系统中的抗体等。蛋白质还是人体生长发育、组织更新的原料。

④ 维生素:虽然人体对维生素的需求量很小,但它们对维持人体正常生理功能至关重要。维生素参与多种生化反应,是辅酶或辅基的组成成分,对调节人体新陈代谢起着重要作用。

⑤ 无机盐:含有构成人体组织和维持正常生理功能所必需的元素,如钙、磷、钾、钠、氯、镁、硫等常量元素,以及铁、锌、铜、锰、钴、钼、硒、碘、铬等微量元素。这些无机盐在人体内参

与构成骨骼、牙齿等硬组织,维持水、电解质平衡,参与神经传导和肌肉收缩等生理过程。

糖类、脂肪、蛋白质、维生素和无机盐是人体所需的除水以外的五大类营养素。它们共同维持着人体的正常生理功能。在日常饮食中,我们应该注意合理搭配食物,确保摄入足够的各类营养素,以维持身体健康。

食物中的营养与膳食的平衡对人体健康是至关重要的。

均衡膳食意味着要摄入多样化的食物。不同的食物含有不同的营养素,如肉类、鱼类、蛋类富含优质蛋白质;蔬菜、水果富含维生素、矿物质和膳食纤维;全谷物和豆类则富含复合碳水化合物、膳食纤维和B族维生素等。通过摄入多样化的食物,可以确保身体获得全面的营养。

合理搭配食物也是实现膳食平衡的关键。例如,在摄入蛋白质的同时,要注意搭配适量的碳水化合物和脂肪,以提供身体所需的能量。同时,要注意控制盐、糖和油的摄入量,避免过量摄入导致的高血压、糖尿病等慢性疾病。

平衡膳食需要同时在几个方面建立起膳食营养供给与机体生理需要之间的平衡,如热量营养素构成平衡、蛋白质平衡、各种营养素摄入量之间平衡及酸碱平衡、动物性食物和植物性食物平衡等。否则,就会影响身体健康,甚至导致某些疾病发生。

2. 热量营养素构成

糖、脂肪、蛋白质均能为机体提供热量,称为热量营养素。当三种热量营养素的摄入量的比例为 6.5∶1∶0.7 时,机体运行正常,各营养素能够正常发挥作用。热量比例平衡的情况称为热量营养素构成平衡。热量营养素供给过多,将引起肥胖、高血脂和心脏病;过少,将造成营养不良,同样可诱发多种疾病,如贫血、结核、癌症等。

练习题

一、单项选择题

1. 在下列氨基酸中,不属于必需氨基酸的是(　　)。
   A. 赖氨酸　　　　　　　　　　B. 色氨酸
   C. 丙氨酸　　　　　　　　　　D. 亮氨酸

2. 下列过程不涉及蛋白质变性的是(　　)。
   A. 煮鸡蛋　　　　　　　　　　B. 使用福尔马林(甲醛水溶液)保存标本
   C. 以粮食为原料酿酒　　　　　D. 使用医用酒精、紫外线杀菌消毒

3. 为鉴别纺织品的成分是蚕丝还是合成纤维,可选用的简单、适宜的方法是(　　)。
   A. 滴加 H_2SO_4　　　　　　　B. 灼烧线头
   C. 用手摩擦凭手感　　　　　　D. 滴加浓 HNO_3

二、判断题

1. 甘氨酸属于人体不能合成必须从食物中获得的必需氨基酸。　　　　　　　　(　　)
2. 在鸡蛋清溶液中加入饱和硫酸钠溶液有沉淀析出,发生蛋白质变性。　　　　(　　)
3. 蛋白质的颜色反应属于物理变化。　　　　　　　　　　　　　　　　　　　(　　)

第三节 合成高分子化合物

学习目标

1. 认识塑料、合成纤维、合成橡胶等高分子化合物的结构特点和主要性能。
2. 了解新型合成高分子化合物的优异性能,了解他们在生产、生活中的重要应用。

一、高分子化合物的概念和特性

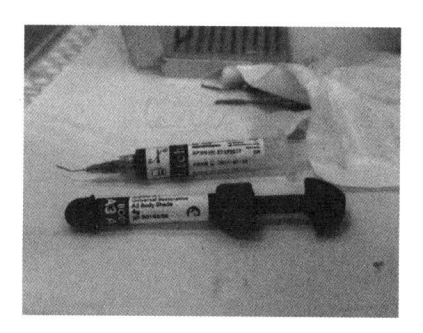

看一看

生活中含高分子化合物的物品示例

想一想

1. 列举生活中你知道的高分子化合物。
2. 对你列举的高分子化合物进行分类,可以分为哪几类?

蛋白质、淀粉、纤维素都是天然高分子化合物,它们在生物体的生命活动中起着重要的作用。随着社会的发展和科学技术水平的提高,20 世纪初期出现了人工合成的高分子化合物,如三大合成材料:塑料、橡胶、合成纤维。现在合成材料的使用远远超过了天然高分子材料,从人们的衣、食、住、行到现代工业、农业、尖端科学技术中已成为不可缺少的应用材料。目前,世界上合成高分子材料的年产量已超过全部金属材料的产量之和。

1. 高分子化合物的概念

高分子化合物是指相对分子质量高达 $10^4 \sim 10^6$ 的大分子化合物,简称高分子。按其来源可分为天然高分子和合成高分子。天然高分子有淀粉、纤维素、蛋白质等。合成高分子有电木、聚乙烯、聚氯乙烯、人工合成橡胶等。由于高分子化合物大部分是由一种或几种小分子化合物经聚合反应以共价键连接而成的,所以也叫高聚物或聚合物。虽然高分子化合物的相对分子质量很高,但其元素组成和分子构造并不复杂。它是由简单的构造单元以重复的方式连接而成,例如,聚氯乙烯是由氯乙烯聚合而成的。

因高分子材料实际上是由 n 值不同的结构单元组成,因此实际测得的分子量为平均分子量。

2. 高分子化合物的结构特点

高分子化合物几乎无挥发性,常温下以固态或液态存在。固态高分子按其结构形态可分为晶态和非晶态。前者分子排列规整有序,后者分子排列无规则。同一种高分子化合物可以兼具晶态和非晶态两种结构。大多数的合成树脂都是非晶态结构。

高分子化合物的分子链结构可以分为线型和体型两种基本类型。分子链一般具有线型和体型两种不同的形状。线型结构是分子中的原子由共价键相互结合形成一条很长的蜷曲状态"链"。体型结构是大分子中分子链与分子链之间通过化学键相互交联形成的网状结构。高分子化合物中的原子之间一般是以共价键结合的,因此高分子化合物通常不导电,是很好的绝缘材料。

3. 高分子化合物的主要性质

线型结构(包括支链结构)的高聚物由于有独立的分子存在,因此具有弹性、可塑性,在溶剂中能溶解,加热能熔融,硬度和脆性较小,具有热塑性。而体型结构的高聚物由于分子链间存在大量交联键,形成三维网状结构,因此没有独立的大分子存在,表现为没有弹性和可塑性,不能溶解和熔融,只能溶胀,硬度和脆性较大,具有热固性。

高分子化合物的基本结构特征,使它们具有与低分子化合物不同的许多优良性能。例如,机械强度大、弹性高、可塑性强、硬度大、耐磨、耐热、耐腐蚀、耐溶剂、电绝缘性强、气密性好等特性,使高分子材料具有非常广泛的用途。

二、塑料、合成纤维、合成橡胶

看一看

| 塑料制品 | 纤维制品 | 橡胶制品 |

常见的高分子化合物物品示例

想一想

你知道生活中的高分子化合物有哪些?

合成高分子材料主要是指塑料、合成纤维、合成橡胶三大合成材料及离子交换树脂、涂料、胶黏剂等。它们具有天然材料所没有的优越性能,用途非常广泛,发展极为迅速。

1. 塑料

塑料由合成树脂及其他填料、增塑剂、稳定剂、润滑剂、着色剂等添加剂(为增强和改进塑料的性能)在一定的条件下塑制而成,其中树脂为主要成分,约占塑料总质量的$40\%\sim100\%$。

聚乙烯、聚氯乙烯、酚醛树脂等都是合成树脂,可以用来生产塑料制品。合成树脂的种类很多,除以上几种外,还有聚丙烯、聚苯乙烯、聚四氟乙烯、聚丙烯酸甲酯(有机玻璃)和环氧树脂等。部分塑料名称、代码和对应的缩写代号如表6-1所示。

表6-1 部分塑料名称、代码和对应的缩写代号

塑料名称	聚酯	高密度聚乙烯	聚氯乙烯	低密度聚乙烯	聚丙烯	聚苯乙烯
塑料代码	01	02	03	04	05	06
塑料缩写代号	PET	HDPE	PVC	LDPE	PP	PS

塑料的种类很多,目前已有300多种,其中常用的有60多种。塑料根据其受热后表现的特性,可分为**热塑性塑料**和**热固性塑料**两大类。

热塑性塑料受热时软化,可以塑制成一定形状,并且能多次重复加热塑制,如聚乙烯、聚氯乙烯、纤维素塑料等。

热固性塑料加工成型后,加热不会软化,在溶剂中也不会溶解,如酚醛树脂、环氧树脂等。

一般情况下,构成塑料的高分子如果是长链的线型结构,塑料的柔韧性就较好;如果高分子链之间形成化学键,产生一定的交联而形成网状结构,塑料就会变硬。

几种主要的塑料及其性能和用途如表6-2所示。

表6-2 几种主要的塑料及其性能和用途

名称	性能	用途
聚乙烯	电绝缘性能较好,耐化学腐蚀、耐寒、无毒 耐热性差,透明性较差,耐老化性差 不宜接触煤油、汽油,制成的器皿不宜长时间存放食油、饮料	制成薄膜,可作食品、药物的包装材料;可制日常用品、绝缘材料、管道、辐射保护衣等
聚丙烯	机械强度较高,电绝缘性能好,耐化学腐蚀,质轻无毒 耐油性差,低温发脆,易老化	可制薄膜、日常用品、管道、包装材料等
聚氯乙烯	耐有机溶剂,耐化学腐蚀,电绝缘性能好,耐磨、抗水性好 热稳定性差,遇冷变硬,透气性差 制成的薄膜不宜用来包装食品	硬聚氯乙烯:可制管道、绝缘材料等 软聚氯乙烯:可制薄膜、电线外皮、软管、日常用品等
聚苯乙烯	电绝缘性能很好,透光性好,耐水、耐化学腐蚀,无毒,室温下硬、脆,温度较高时变软 耐溶剂性差	可制高频绝缘材料,电视、雷达部件,汽车、飞机零件,医疗卫生用具,日用品及离子交换树脂等

续表

名称	性能	用途
聚四氟乙烯	耐低温(-100 ℃)、高温(350 ℃),耐化学腐蚀,耐溶性好,电绝缘性很好 加工困难	可制电气、航空、化学、冷冻、医药等工业的耐腐蚀、耐低温、耐高温的制品
酚醛塑料 (电木)	电绝缘性能好,耐热、抗水,但能被强碱、强酸腐蚀	可制电工器材、仪表外壳、日常生活用品等。用玻璃纤维复合制成的增强塑料可用于宇航等领域
环氧树脂	高度黏合力,加工工艺性好,耐化学腐蚀,电绝缘性能好,机械强度强,耐热性好	广泛用于胶黏剂,作层压材料、机械零件。用玻璃纤维复合制成的增强塑料可用于宇航等领域
脲醛塑料 (电土)	染色性、抗霉性、耐溶剂性和绝缘性都好。但耐热性差	可制器皿、日常生活用品、玩具、装饰材料等。 制成泡沫材料后,可作隔热材料
聚甲基丙烯酸甲酯 (有机玻璃)	透光性很好,质轻、耐水、耐酸碱,抗霉,易加工,不易破裂 耐磨性较差,能溶于有机溶剂	可制飞机、汽车用玻璃、光学仪器、日常用品等

2. 合成纤维

棉花、羊毛、丝、麻等属于天然纤维。化学纤维根据所用的原料不同可分为人造纤维和合成纤维两类。人造纤维是利用天然高分子物质如木浆、短棉绒等为原料,经过化学加工处理而制成的黏胶纤维。合成纤维是利用石油、天然气、煤和农副产品作原料制成单体,经加聚反应或缩聚反应合成得到的,合成纤维都是线型高聚物,有较好的强度和挠曲性能,在合成纤维中涤纶、锦纶、腈纶、丙纶、维纶和氯纶被称为"六大纶"。它们都具有比天然纤维和人造纤维更优越的性能。

合成纤维不仅为人民生活提供了经久耐用而美观的衣着材料,还为现代工业技术的发展提供了特殊性能的纤维。目前已有耐高温纤维、耐辐射纤维、防火纤维和光导纤维。合成纤维虽然有许多优点,但它的吸湿性、透气性差,穿着全部用合成纤维制成的衣服会使人感到闷气。为了改善透气性,常用一种或几种合成纤维与天然纤维或人造纤维制成混纺织物。这样制成的混纺织物,兼有合成纤维、人造纤维和天然纤维的优点,深受人们欢迎。

几种主要的合成纤维及其性能和用途如表 6-3 所示。

表 6-3 几种主要的合成纤维及其性能和用途

名称	性能	用途
聚对苯二甲酸乙二醇酯 (涤纶或的确良)	抗折皱性强 弹性、耐光性、耐酸性和耐磨性好 不耐浓碱,染色性较差	可制衣料织品、电绝缘材料、运输带、渔网绳索、人造血管、轮胎帘子线
聚己内酰胺 (锦纶)	强度高,弹性、耐磨性、耐碱性和染色性好 不耐浓酸,耐光性差	可制衣料织品、渔网、绳索、降落伞、轮胎帘子线

续表

名称	性能	用途
聚丙烯腈（腈纶或人造羊毛）	耐光性、耐酸性、弹性和保暖性好 不易染色，耐碱性差	可制衣料织品、工业用布、毛毯、滤布、幕布等
聚丙烯（丙纶）	机械强度高,耐磨性和电绝缘性好 染色性和耐光性差	可制绳索、编织袋、网具、滤布、工作服、帆布、地毯，用作纱布（不粘连在伤口上）
聚氯乙烯（氯纶）	耐腐蚀性和保暖性好 耐热性和染色性较差 耐光性差	可制针织品、工作服、毛毯、绒线、滤布、渔网、帆布等
聚乙烯	机械强度高,耐腐蚀性好 染色性和耐热性较差	可制渔网、绳索,耐酸碱的织物等

3. 合成橡胶

橡胶主要分为天然橡胶和合成橡胶两大类。天然橡胶由橡胶树或橡胶草的胶乳加工制得，而合成橡胶则是通过聚合小分子量的二烯烃或烯烃单体来制取的。合成橡胶种类繁多，根据它们的性能和用途差异，可以进一步细分为通用橡胶和特种橡胶。通用橡胶主要用于制造轮胎和常规橡胶产品，而特种橡胶则因其独特的性能（例如耐高温、耐油、耐老化以及高气密性等）被用于制造在特殊环境下使用的橡胶制品。

橡胶是制造飞机、军舰、拖拉机、收割机、汽车、水利排灌设备、医疗器械等多种设备不可或缺的材料。同时，在我们的日常生活中，许多产品的生产也都离不开橡胶。然而，天然橡胶的产量远远不能满足社会的需求。在长期的生产实践和科学研究中，人们逐渐了解了天然橡胶的结构，并从中获得了灵感，成功合成了多种合成橡胶。天然橡胶在性能方面表现较为全面，如弹性、电绝缘性和加工性能等方面都相当出色。而合成橡胶则在某些特定性能上表现突出，例如有的合成橡胶能够耐高温或耐低温，有的耐油，还有的气密性极佳。几种主要的合成橡胶及其性能和用途如表 6-4 所示。

表 6-4 几种主要的合成橡胶及其性能和用途

名称	性能	用途
丁苯橡胶	热稳定性、电绝缘性和抗老化性好	可制轮胎、电绝缘材料、一般橡胶制品等
氯丁橡胶	耐日光、耐磨、耐老化、耐酸碱、耐油性好 耐寒性差	可制电线包皮、运输带、化工设备的防腐衬里、胶贴剂等
丁腈橡胶	抗老化性和耐油性很好,耐高温 弹性和耐寒性较差	可制耐油、耐热的橡胶制品,飞机油箱衬里等
聚硫橡胶	抗老化性和耐油性很好,耐化学腐蚀 弹性较差	可制耐油、耐苯胶管,胶辊,耐臭氧制品,储油及化工设备衬里等
硅橡胶	耐低温和高温、抗老化和抗臭氧性好,电绝缘性好 力学性能差,耐化学腐蚀性差	可制各种在高温、低温下使用的衬垫以及绝缘材料、医疗器械及人造关节等

三、新型高分子材料

能源、信息和材料并列为新科技革命的三大支柱,而材料又是能源和信息发展的物质基础。在重要的合成高分子材料的基础上,人们始终在不断地研究、开发着性能更优异、应用更广泛的新型高分子材料,来满足计算机、光导纤维、激光、生物工程、海洋工程、空间工具和机械工业等尖端技术发展的需要。这些新型高分子材料包括具有分离功能的高分子膜,具有光、电、磁等特殊功能的高分子材料,生物高分子材料,医用高分子材料,隐身材料、液晶高分子材料和光致变色高分子材料等。这些新型有机高分子材料在我们的日常生活、工农业生产和尖端科学学技术领域中起着越来越重要的作用。

1. 功能高分子材料

功能高分子材料是指既有通用高分子材料的机械性能,又有某些特殊功能的高分子材料。

(1) 高分子分离膜

高分子分离膜是将离子交换树脂粉碎后与商分子胶黏剂制成的离子分离膜。它的特点是能够让某些物质有选择地通过,而把另外一些物质分离掉。这类分离膜广泛应用于生活污水、工业废水等废液处理以及回收废液中的有用成分,如在冶金工业中用作各种贵重金属的分离提纯等。在食品工业中,分离膜可用于浓缩天然果汁、乳制品加工、酿酒等,分离时不需要加热,并可保持食品风味。目前中空纤维膜是分离功能材料的佼佼者,它们在海水淡化、超纯水的制备、抗生素的分离和浓缩、细菌病毒的分离和消毒等方面显示出独特的优异功能。

(2) 可降解高分子材料

如果包装食品的塑料和泡沫塑料饭盒,用可降解的塑料来做,那么废弃的塑料将在一定条件下自行分解成为粉末,"白色污染"可望被消除。人们提出了生物降解、光照降解和化学降解三种方法来降解高分子材料,经过艰苦努力已经合成了这三类塑料。这些材料将在解决环境污染方面起到重要作用。

(3) 生物医用高分子材料

在医学上,人们一直想用人工器官代替病变器官,但是材料问题一直无法解决。直到性能优良的生物医学材料的出现,人们的这种愿望才初步得以实现。合成高分子材料一般具有优异的生物相容性,不会引起血液凝固,也不会破坏血小板等,而且还有很高的机械性能,可以满足人工器官对材料的苛刻要求。

2. 复合材料

复合材料是指由两种或两种以上材料组合而成的,物理和化学性质与原材料不同,但又保持其原来某些有效功能的新材料。在复合材料中,一种材料作为基体,另外的材料作为增强剂。

复合材料具有强度高、材料轻、刚性大、抗疲劳性能、减振性能和高温性能好等特点。在综合性能上超过了任何单一材料,因此复合材料广泛应用于现代尖端科学技术、航空航天、汽车工业、船舶工业、机械工业、建筑和体育用品等行业之中。在近代开发的复合材料中,有一种是用线型酚醛树脂浸渍过的布或玻璃纤维,经干燥、加热、加压制成的复合材料玻璃纤维增强材料(又称玻璃钢)。由于强度高、质量轻、耐腐蚀、抗冲击、绝缘性好等优良性能,它已经被广泛用于飞机、汽车、船舶和家具制作等。

练习题

一、单项选择题

1. 下列物质属于天然高分子材料的是(　　)。
   A. 酚醛塑料　　　　B. 棉花　　　　C. 聚乙烯　　　　D. 聚氯乙烯
2. 下列物品主要由有机合成材料制成的是(　　)。
   A. 塑料垃圾桶　　　B. 纯棉衬衫　　C. 玻璃杯　　　　D. 不锈钢餐具
3. 下列不是热塑性塑料用途的是(　　)。
   A. 塑钢建材　　　　B. 食品包装　　C. 日常用具　　　D. 绝缘材料

二、判断题

1. 高分子分离膜可用于生活污水或工业废水等废液处理。　　　　(　　)
2. 化学纤维可分为合成纤维与天然纤维。　　　　　　　　　　　(　　)
3. 乙酸乙酯属于高分子化合物。　　　　　　　　　　　　　　　(　　)

第四节　学生实验:常见生物分子的性质

学习目标

1. 了解常见生物分子葡萄糖、淀粉、蛋白质的性质。
2. 培养规范操作、细心观察、如实记录的实验室工作习惯。
3. 培养通过现象观察寻找食物内在规律的能力。

一、实验仪器

试管、量筒、酒精灯、试管夹、胶头滴管等。

二、实验试剂

10％葡萄糖溶液、2％ $AgNO_3$ 溶液、2％氨水溶液、10％ NaOH 溶液、5％ $CuSO_4$ 溶液、新制的0.5％淀粉溶液、0.1％碘液、体积分数为20％鸡蛋清溶液、饱和硫酸铵溶液、饱和醋酸铅溶液、浓硝酸溶液。

三、实验步骤

1. 葡萄糖的还原性：与托伦试剂（银氨溶液）反应——银镜反应

在洁净的试管中加入 1 mL 2% $AgNO_3$ 溶液。在不断振摇下逐滴加入 2% 氨水溶液，至沉淀恰好溶解为此。再加入 1 mL 10% 葡萄糖溶液。摇匀后放入约 60 ℃ 水浴中加热 5 min。取出观察是否有银镜生成。记录实验现象并解释原因。

2. 葡萄糖的还原性：与菲林试剂（新制氢氧化铜溶液）反应

在洁净的试管中加入 2 mL 10% NaOH 溶液，滴加 5 滴 5% $CuSO_4$ 溶液，混匀后再分别加入 2 mL 10% 葡萄糖溶液。振摇后放入沸水浴中加热 2~3 min，取出试管观察有无砖红色沉淀生成。记录实验现象并解释原因。

3. 淀粉的检验

在一支试管中加入少量新制的 0.5% 淀粉溶液，滴入几滴 0.1% 碘液，观察溶液颜色变化并记录实验现象。

4. 蛋白质的盐析

在洁净的试管中加入 2 mL 20% 鸡蛋清溶液，在轻轻振摇下，向其中加入 2 mL 饱和硫酸铵溶液，直至硫酸铵不再溶解为止。静置观察，记录实验现象。

当下层产生絮状沉淀（清蛋白）后，小心吸出上层清液，再向试管中加入等体积的蒸馏水，振摇后观察沉淀是否溶解。记录实验现象并解释原因。

5. 蛋白质的变性

在两支试管中各加入 2 mL 20% 鸡蛋清溶液，其中一支试管加热，在另一支试管中滴入 1~2 滴饱和醋酸铅溶液，分别观察并记录两支试管的实验现象。

然后所向两支试管中各加入 5 mL 蒸馏水轻轻振荡分别观察并记录两支试管的实验现象。

6. 蛋白质的颜色反应

在一支试管中加入 2 ml 鸡蛋清溶液和 0.5 mL 浓硝酸溶液，震荡后加热，观察生成沉淀的颜色。记录实验现象并解释原因。

练习题

一、选择题

1. 下列不会导致蛋白质变性的是（　　）。
   A. 加热
   B. 加入重金属盐
   C. 调整溶液的 pH 至极端
   D. 酶的水解作用

2. 在检验葡萄糖还原性的实验中，常用的试剂是（　　）。
   A. 斐林试剂
   B. 碘—碘化钾溶液
   C. 硫酸铜溶液
   D. 酚酞指示剂

3. 关于使用斐林试剂检验葡萄糖还原性的实验过程,以下描述正确的是(　　)。
A. 斐林试剂直接滴加到葡萄糖溶液中,溶液立即出现砖红色沉淀。
B. 斐林试剂与葡萄糖溶液混合后,需要在水浴中加热才能观察到颜色变化。
C. 实验过程中不需要控制温度,室温下即可进行。
D. 实验结果的颜色变化与葡萄糖的浓度无关。

二、判断题
1. 使用涂抹医用酒精、高温蒸煮、紫外线照射等方法进行消毒灭菌依据的是蛋白质变性原理。(　　)
2. 冰糖与新制的氢氧化铜反应能生成砖红色沉淀。(　　)
3. 淀粉与碘作用显蓝色。(　　)

本章知识点总结

糖类

概念	示例	化学性质
单糖	葡萄糖	具有还原性,能发生银镜反应,也能与斐林试剂反应
双糖(低聚糖)	蔗糖、麦芽糖	蔗糖不具有还原性,水解能生成葡萄糖和果糖。麦芽糖具有还原性,水解能生成葡萄糖
多糖	淀粉、纤维素	无还原性;淀粉与碘作用呈蓝色,能水解;纤维素性质较稳定,能水解,但比淀粉困难

蛋白质

类别	结构特点	主要性质	检验方法	用途
氨基酸	含有氨基、羧基	两性 分子间可发生脱水缩合	—	营养物质
蛋白质	由几十到几千个氨基酸分子脱水缩合而成	盐析 变性 颜色反应 灼烧焦羽毛气味 水解成氨基酸 两性	颜色反应 灼烧	营养物质

合成高分子化合物

概念	分子量很大(至少在10000)的化合物
结构特点	线型结构——分子中的原子以共价键相互结合形成的长"链"
	体型结构——大分子中分子链与分子链之间通过化学键相互交联而成
主要性能	可塑性强、机械强度高、弹性好、电绝缘性好、密度小
主要用途	塑料、合成纤维、合成橡胶

实验

常见生物分子	性质	现象
葡萄糖	葡萄糖的还原性	葡萄糖与托伦试剂(银氨溶液)反应生成银镜
		葡萄糖与斐林试剂(新制的氢氧化铜溶液)反应生成砖红色沉淀
淀粉	淀粉遇碘变蓝	淀粉和碘作用呈特殊蓝色
蛋白质	蛋白质的盐析	在蛋白质溶液中加入足量的盐类可析出沉淀,此反应是可逆的
	蛋白质的变性	蛋白质在受热、重金属盐等作用下会发生性质上的改变而凝聚,此反应是不可逆的
	蛋白质的颜色反应	蛋白质与浓硝酸反应,产物呈黄色

参考答案

第一章 原子结构与化学键

第一节 原子结构

一、单项选择题
1. C 2. B 3. A 4. D

二、判断题
1. √ 2. × 3. ×

第二节 元素周期律

一、单项选择题
1. C 2. B 3. D 4. B 5. B 6. B 7. C

二、判断题
1. √ 2. × 3. √ 4. × 5. √ 6. × 7. √ 8. √

三、填空题
1. 18；八；九；十；16；主；副；7；7
2. 短；长；主；A
3. 等于
4. 副；B

第三节 化学键

一、单项选择题
1. D 2. C 3. D 4. A 5. B 6. A 7. D

二、判断题
1. √ 2. × 3. √ 4. √ 5. √ 6. √ 7. √ 8. × 9. √

第四节 化学实验基本操作

一、单项选择题
1. B 2. B 3. A 4. C 5. C

二、判断题

1. × 2. × 3. × 4. × 5. √

第二章　化学反应及其规律

第一节　氧化还原反应

一、单项选择题

1. D 2. D

二、判断题

1. × 2. √ 3. ×

第二节　化学反应速率

一、单项选择题

1. C 2. D 3. B

二、判断题

1. √ 2. × 3. ×

第三节　化学平衡

一、单项选择题

1. D 2. C 3. D

二、判断题

1. × 2. √ 3. × 4. √

第三章　溶液与水溶液中的离子反应

第一节　溶液组成的表示方法

一、单项选择题

1. B 2. D 3. B 4. B 5. B 6. D 7. B 8. A 9. D 10. A

二、判断题

1. √ 2. × 3. √ 4. √ 5. × 6. × 7. √ 8. × 9. √ 10. √

第二节 弱电解质的电离平衡

一、单项选择题

1. C   2. D   3. C

二、判断题

1. ×   2. ×   3. √

第三节 水的离子积和溶液的pH

一、单项选择题

1. B   2. C   3. C

二、判断题

1. √   2. √   3. ×

第四节 离子反应和离子方程式

一、单项选择题

1. B   2. B   3. D

二、判断题

1. √   2. ×   3. ×

第五节 盐类的水解

一、单项选择题

1. B   2. C   3. B

二、判断题

1. √   2. ×   3. √

第六节 学生实验:溶液的配制、稀释和pH的测定

一、单项选择题

1. C   2. A   3. D

二、判断题

1. ×   2. ×   3. √   4. ×

第四章　常见无机物及其应用

第一节　常见非金属单质及其化合物

一、单项选择题
1. A　2. A　3. D　4. A　5. B　6. C　7. B　8. B　9. C　10. D

二、判断题
1. √　2. ×　3. √　4. √　5. √　6. ×　7. √　8. √　9. ×　10. ×

第二节　常见金属单质及其化合物

一、单项选择题
1. C　2. D　3. C　4. B　5. D　6. C　7. D　8. A　9. D　10. B

二、判断题
1. ×　2. ×　3. √　4. ×　5. ×

三、简答题
1. （2）铁锈(主要成分是$Fe_2O \cdot xH_2O$)与稀盐酸反应,产生气泡,并且溶液颜色变为黄色,表明发生了化学反应

（3）如果溶液变成血红色,这表示存在Fe^{3+}离子,证明铁锈中的铁可以被氧化成Fe^{3+}

铁锈中含有氧化铁,其中的铁为+3价

2. 若没有固体被磁铁吸引,则说明补铁剂中的铁不是以单质形式存在的

如果溶液变成血红色,则说明补铁剂中含有Fe^{3+}离子,即补铁剂中的铁是以三价铁的形式存在的;如果不是血红色,则可能补铁剂中的铁是以其他价态存在的,如亚铁离子

3. （1）Na;$Fe(OH)_3$;Cl_2;Fe_3O_4

（2）可以向溶液中加入2~3滴KSCN溶液,若溶液变为血红色,则说明G溶液中含有Fe^{3+}

（3）$Fe + 2HCl == FeCl_2 + H_2\uparrow$

第五章　简单有机化合物及其应用

第一节　有机化合物的特点与分类

一、单项选择题
1. A　2. C　3. C

二、判断题

1. √ 2. × 3. ×

第二节 烃

一、单项选择题

1. C 2. B 3. B 4. C 5. A 6. D 7. B 8. A 9. D 10. D

二、判断题

1. × 2. × 3. √ 4. √ 5. √ 6. √ 7. √ 8. × 9. × 10. ×

第三节 烃的衍生物

一、单项选择题

1. C 2. D 3. A 4. C 5. C 6. C 7. D 8. C 9. B 10. A

二、判断题

1. √ 2. √ 3. × 4. √ 5. √ 6. √ 7. √ 8. √ 9. √ 10. ×

第四节 学生实验：重要有机化合物的性质

一、单项选择题

1. B 2. B 3. B 4. B 5. B 6. C 7. B 8. A 9. B 10. B

二、判断题

1. √ 2. × 3. √ 4. √ 5. × 6. √ 7. √ 8. √ 9. √ 10. × 11. ×

第六章 常见生物分子及合成高分子化合物

第一节 糖类

一、单项选择题

1. A 2. C 3. D

二、判断题

1. √ 2. √ 3. ×

第二节 蛋白质

一、单项选择题

1. C 2. C 3. B

二、判断题

1. × 2. × 3. ×

第三节 合成高分子化合物

一、单项选择题
1. B 2. A 3. A

二、判断题
1. √ 2. × 3. ×

第四节 学生实验:常见生物分子的性质

一、单项选择题
1. D 2. A 3. B

二、判断题
1. √ 2. × 3. √

附录 1 常见酸、碱、盐在水中溶解性与挥发性

阳离子	阴离子								
	OH^-	NO_3^-	Cl^-	SO_4^{2-}	S^{2-}	SO_3^{2-}	CO_3^{2-}	SiO_3^{2-}	PO_4^{3-}
H^+		溶、挥	溶、挥	溶	溶、挥	溶、挥	溶、挥	微	溶
NH_4^+	溶、挥	溶	溶	溶	溶	溶	溶	溶	溶
K^+	溶	溶	溶	溶	溶	溶	溶	溶	溶
Na^+	溶	溶	溶	溶	溶	溶	溶	溶	溶
Ba^{2+}	溶	溶	溶	不	—	不	不	不	不
Ca^{2+}	微	溶	溶	微	—	不	不	不	不
Mg^{2+}	不	溶	溶	溶	—	微	微	不	不
Al^{3+}	不	溶	溶	溶	—	—	—	不	不
Mn^{2+}	不	溶	溶	溶	不	不	不	不	不
Zn^{2+}	不	溶	溶	溶	不	不	不	不	不
Cr^{2+}	不	溶	溶	溶	—	—	—	不	不
Fe^{2+}	不	溶	溶	溶	不	不	不	不	不
Fe^{3+}	不	溶	溶	溶	—	—	—	不	不
Sn^{2+}	不	溶	溶	溶	不	—	—	不	不
Pb^{2+}	不	溶	微	不	不	不	不	不	不
Bi^{3+}	不	溶	—	—	不	不	不	不	不
Cu^{2+}	不	溶	溶	溶	不	不	不	不	不
Hg^+	—	溶	不	微	不	不	不	不	不
Hg^{2+}	—	溶	溶	溶	不	不	不	不	不
Ag^+	—	溶	不	微	不	不	不	不	不

说明:"溶"表示该物质可溶于水,"不"表示该物质不溶于水,"微"表示该物质为微溶于水,"挥"表示该物质具有挥发性,"—"表示该物质不存在或遇水分解。

附录 2　常见玻璃仪器及注意事项

名称	主要用途	使用注意事项	常见规格
烧杯	配制溶液；进行反应；加热；蒸发；滴定	不可干烧；加热时应受热均匀；液量一般勿超过容积的2/3	容量（mL）：15、25、50、100、200、250、500、1000
锥形瓶	加热；处理试样；滴定	磨口瓶加热时要打开瓶塞；不可干烧；加热时应受热均匀；液量一般勿超过容积的2/3	容量（mL）：25、50、100、150、200、250、300、500、1000、2000
碘量瓶	碘量法及其他生成挥发物的定量分析	为防止内容物挥发，瓶口用水封，磨口瓶加热时要打开瓶塞；不可干烧；加热时应受热均匀；液量一般勿超过容积的2/3	容量（mL）：50、100、250、500、1000
圆底、平底烧瓶	加热、蒸馏	一般避免直接火焰加热	容量（mL）：50、100、250、500、1000
量筒、量杯	粗略量取一定体积的溶液	不可加热，不可盛放热溶液，不可在其中配制溶液；加入或倾出溶液应沿其内壁	容量（mL）：5、10、25、50、100、250、500、1000、2000
容量瓶	准确配制一定体积的溶液	瓶塞密合；不可烘烤、加热，不可长期贮存溶液；长期不用时应在瓶塞与瓶口间夹上纸条	容量（mL）：50、100、200、250、500、1000
滴定管	滴定	不能漏水，不能加热，不能长期存放碱液；碱式管不能盛氧化性物质溶液	容量（mL）：25、50、100 酸式、碱式
移液管	准确移取一定体积溶液	不可加热，不可碰破管尖及上口	容量（mL）：1、2、5、10、15、20、25、100
称量瓶	高型用于称量试样、基准物 低型用于在烘箱中干燥试样、基准物	磨口应配套；不可盖紧塞烘烤；称量时不可用手直接拿取，应戴手套或用洁净纸条夹取	高型：容量（mL）：10、20、25、40、60 低型容量（mL）：5、10、15、30、45、80
细口瓶 广口瓶	细口瓶用于存放液体试剂；广口瓶用于存放固体试剂	不可加热，不可在瓶内配制热效应大的溶液；磨口塞应配套；存放碱液应用橡胶塞	容量（mL）：125、250、500、1000

续表

名称	主要用途	使用注意事项	常见规格
滴瓶	存放需滴加的试剂	不可加热;配套带磨口塞的胶头滴管	容量(mL):30、60、125 无色、棕色
漏斗	过滤;沉淀;用作加液器	不可直接火焰加热	上口直径(mm):45、55、60、70、80、100、120 短径、长径
分液漏斗	两相液体分离;萃取富集;作制备反应中加液器	不可加热,不能漏水;磨口塞应配套;长期不用时应在瓶塞与瓶口间夹上纸条	容量(mL):50、100、250、500 球形、锥形
试管	少量试剂的反应容器	所盛溶液一般不超过试管容积的1/3;硬质试管可直火加热,加热时管口勿冲人	容量(mL):10、15、20、25、50、100
抽滤瓶	抽滤时承接滤液	属于厚壁容器,能耐负压,不可加热;抽滤时漏斗管尖远离抽气嘴	容量(mL):50、100、250、500、1000
表面皿	可作烧杯和漏斗盖;称量、鉴定器皿	不可直接火焰加热	直径(mm):45、65、70、90、100、125、150
研钵	研磨固体物质	不能撞击、烘烤;不能研磨与玻璃有作用的物质	直径(mm):70、90、105

附录3 元素周期表

参考文献

[1] 余红华. 化学基础[M]. 2版. 北京：北京化学工业出版社，2022.
[2] 陈艾霞. 化学基础[M]. 2版. 北京：北京化学工业出版社，2022.
[3] 王秀芳. 无机化学[M]. 2版. 北京：北京化学工业出版社，2022.